Ilma Rakusa

Langsamer!

*Gegen
Atemlosigkeit, Akzeleration
und andere Zumutungen*

Literaturverlag Droschl

Einleitung

Ist es denn nicht einfach, daß zu einer Zeit, wo der Gang der Geschichte rascher ist, auch mehr Menschen außer Atem kommen?

Georg Büchner, *Dantons Tod*

Ich bin überzeugt, daß wir viel zu wenig langsam sind.

Robert Walser

Seit mindestens zweihundert Jahren ist der Drang nach Beschleunigung so dominant, daß er Umwälzungen von schockierendem Ausmaß bewirkte, die ihrerseits Anlaß zu Fragen, Klagen und Warnungen gaben. Längst wissen wir, daß Fortschritt seinen Preis verlangt, dennoch scheint der Glaube an Machbarkeit und Effizienz weitgehend ungebrochen zu sein. Goethe schuf mit seinem Faust den Prototyp des modernen Tatmenschen, persönlich aber klagte er: »Einer eingepackten Ware gleich schießt der Mensch durch die schönsten Landschaften. Der Duft der Pflaume ist weg.« Wie hätte Goethe, Zeuge der spektakulären Eisenbahn, wohl auf die weiteren Errungenschaften des faustisch-velozifischen Geistes reagiert, auf Auto und Flugzeug?
Zusehends hat die rasante technische Entwicklung den Menschenalltag revolutioniert; was eben noch

Avantgarde war, wurde kommun und bald schon von einem nächsten Neuerungsschub überholt. So befinden wir uns, nolens volens, in einer Dauerbewegung, wobei Technologie und Akzeleration in den letzten fünfzig Jahren nochmals gewaltig zugelegt haben. Massentouristisch jetten wir um die Welt, überwinden im Internet virtuelle Distanzen, schicken Astronauten auf den Mond und Raumsonden auf den Mars, frönen der Mobilität und dem Tempo. Die globalisierte Ökonomie ist »grenzenlos«, das Börsengeschehen im Zeitalter der Telekommunikation sensibel und quick wie noch nie. Informationen erreichen uns heute per Knopfdruck, fragt sich nur, was wir mit der Wissensmenge anfangen. In Zahlen ausgedrückt präsentiert sich das geschichtlich einmalige Beschleunigungsgeschehen des 20. Jahrhunderts nach Peter Borscheid so: »Die Geschwindigkeit der Kommunikation steigert sich um den Faktor 10^7, die Reisegeschwindigkeit und die Fähigkeit, Krankheiten unter Kontrolle zu bringen, um den Faktor 10^2, die Geschwindigkeit der Datenverarbeitung um den Faktor 10^6.«

Das sind stolze Tatbestände, die indes eine bedenkliche Kehrseite aufweisen. Hat nicht gerade die Beschleunigung unsern »Zeitwohlstand« reduziert und Arbeitslosigkeit hervorgebracht? Wieviel Geschwindigkeit verkraften wir? Unter Stress-Symptomen leiden mittlerweile schon die Kinder, von den »ausgebrannten« Erwachsenen ganz zu schweigen. In den USA spricht man von einer »speed disease«, in Europa haben sich einige kühne Antizykliker »Slow food«-Restaurants und »slow cities« ausgedacht. Angesagt ist – ohne jedes nostalgische Zurückschielen zur Vormoderne – die »slow motion«, eine Entschleunigung zugunsten von Bewußtheit, Sinnlichkeit, Lebensqualität, »realer Gegenwart«. Ökologische Gesichtspunkte sind mit im Spiel, vor allem aber geht es um den (individuellen) Alltag. Im Kleinen müssen Nischen geschaffen werden, Freiräume, Atemoasen, während die allgemeine Mobilmachung weitergeht.

Auf eine Spannung also läuft es hinaus: zwischen der schnellen Welt und dem menschlichen Recht auf Langsamkeit. Denn, so der Philosoph Odo Marquard: »Wer die wandlungsbeschleunigte Welt negiert, verzichtet auf unverzichtbare Überlebensmittel des Menschen; wer den langsamen Menschen negiert, verzichtet auf den Menschen. Das bedeutet: In der modernen Welt müssen wir beides leben: die Schnelligkeit (Zukunft) und die Langsamkeit (Herkunft).«

Herkunft meint den Sinn für Kontinuitäten und Erfahrungswerte und – im Zeitalter der Entsorgungsdeponien – den Respekt vor dem Alten, das rasch zum Neuen werden kann. (»Durch die Langsamkeit wächst die Chance, up to date zu sein«, zumal Beschleunigung, Recycling und Musealisierung sich immer näher kommen.)

Und die Kunst, was sagt sie dazu? Ist Literatur schnell oder langsam? Beschert sie uns, statt des Kicks, eine neue Wahrnehmung, indem sie uns »langlebig sensibilisiert und orientiert«?

Fragen über Fragen. Ich stelle mich ihnen in mehreren Kapiteln, mäandernd zwischen Reflexion und Erzählung, zwischen Zitat und Erfahrungsbericht.

Ich streife die Probleme von Unschärfe und Dekonzentration, von Thrill und Burn-out, ich unterhalte mich mit dem Geschwindigkeitsphilosophen Paul Virilio und den minuziösen Beschreibungskünstlern Adalbert Stifter und Peter Handke. Es ist von Fußmärschen die Rede und von Muße und Gelassenheit, von Christoph Marthalers »schlafendem« Theater und von Gutenachtgeschichten ohne Blick auf die Uhr. Es geht um ein Gegenprogramm zu Zeitmanagement, Zapping, Eventrausch und Trendhektik. Um ein Innehalten, hier und jetzt.

LEKTÜRE (LIEBE)

Nimm ein Buch und lies. Was dann passiert, ist nicht genau voraussehbar, aber packt mich die Lektüre, bin ich gebannt, ich folge der Geschichte durch Dick und Dünn, vergesse die Zeit, den Alltag, meine Umgebung, fiebere mit und leide, unterstreiche mit dem Bleistift Sätze, die mich bewegen oder verwirren, blättere zurück, um mich zu vergewissern, oder nach vorn, um meine Neugier zu stillen. Ich bin konzentriert, bei der Sache, glücklich. Alles in mir bittet: Laßt mich bloß in Ruhe, es könnte ewig so weitergehen.
Schon als Kind bin ich der Leselust verfallen, die definitiv zur Lesesucht wurde, als ich (mit zehn) Dostojewskijs Roman *Schuld und Sühne* las. Ich las ihn heimlich, im Bett, Satz für Satz und mit einer Spannung, die mich fast um den Schlaf brachte. Obwohl der Russe ein zügiges Lesetempo diktiert, ist und bleibt Lesen ein langsamer Vorgang, und das sogenannte Verschlingen von Büchern verdankt sich vorhandener Zeit und persönlicher Ausdauer. Bald schon war mir der Petersburger Heumarkt vertrauter als manche Zürcher Straßen und die tapfere Prostituierte Sonja eine Freundin und Verbündete. Die Schulwirklichkeit verblaßte neben Dostojewskijs krisengeschüttelter Welt, lesend machte ich Erfahrungen, die mir altersgemäß nicht zustanden, mich aber weiterbrachten, weiter noch als Karl Mays Winnetou. Auch mit den Indianern war ich weit geritten, hatte mit Thor Heyer-

dahl den Pazifik überquert und mit Heinrich Harrer tibetische Bergriesen bestiegen. Gierig nahm ich auf, was mir die Bücher erzählten, und meine Phantasie geriet in Fahrt. Das tat sie schon, als ich noch nicht selbst lesen konnte, als mir meine Mutter vor dem Zubettgehen oder tagsüber auf den Felsen von Miramar vorlas. Die ulkigen ungarischen Märchen verbanden sich mit dem Geräusch der Brandung, und manchmal schlief ich darüber ein.

Wie immer die Lektüre beschaffen sein mag, Lesen ist ein kontemplativer Vorgang, von Aufmerksamkeit und Ruhe geprägt. Ich erinnere mich an lange Fahrten in der Moskauer U-Bahn: Jung und Alt lasen im Sitzen oder Stehen, völlig vertieft in ein Buch. Man merkte es den Gesichtern an, daß sie abwesend waren, beziehungsweise anderswo anwesend, irgendwie abgerückt und unantastbar, glücklich bei sich. So wirken auch die zahlreichen Lesenden in der Malerei: Madonnen mit dem Psalter, fromme Mönche in der Studierstube, über dicke Folianten gebeugte Heilige, lässig zurückgelehnte junge Frauen (bei Jean-Etienne Liotard) oder anmutig Verträumte (von Camille Corot bis Gerhard Richter). Sie sind schweigsam, selbstvergessen, gelöst, bisweilen lächelnd.

Würden Bilder von Fernsehzuschauern einen ähnlichen Gesichtsausdruck zeigen? Wohl kaum. Das Medium, durch das sich Jung und Alt zappt, will erregen, aufwühlen, schockieren, amüsieren, und die nervösen Werbespots tun das ihre, um eine kontemplative Stimmung gar nicht erst aufkommen zu lassen. Und auch das Lesen am Bildschirm steht der Buchlektüre in einigem nach: weniger entspannt die Haltung, nicht an jedem Ort praktikabel, und zugleich fehlt die Sinnlichkeit des Buchobjekts, in dem sich nach Belieben blättern und notieren läßt.

Sinnlichkeit, Beschaulichkeit, Entspannung: eine wichtige Triade. Denn Lesen will nicht nur zweckdienlich sein. Daß es Erkenntnisse vermitteln und unterhalten kann, daß es zur Welt- und Ich-Findung, zur Sinnstiftung und Klärung beiträgt, ist das eine. Zugleich ist es eine sich selbst genügende Tätigkeit, die ein großes Glücksversprechen enthält. Vorausgesetzt, so sagen Lektüreexperten wie Ludwig Muth, es spielen folgende Faktoren zusammen: der Leser ist der Aktivität gewachsen (und wächst an ihr); er erhält ein ungestörtes Feedback; er erfährt, dank Konzentration und Hingabe, ein verändertes Zeitgefühl, überwindet die Ich-Grenzen und bewegt sich in einem Raum spielerischer Autonomie.

Sollte das nicht verlockend sein und jeden Leser zum Intensivleser machen? Das Leseglück bietet, für einen vergleichsweise bescheidenen Aufwand, eine seltene Mischung von Bei-sich- und Außer-sich-Sein, einen Zustand höchster Wachheit und ruhiger Entspannung. Ausgetrickst der Alltag, die Zeitmaschine, der Nützlichkeitswahn. Einzige Bedingung, daß sich der Leser auf das Gelesene einläßt und die eigene Imagination betätigt. Zuviel verlangt?

Anstrengend, sagen die einen; langwierig, sagen die andern. Beides ist angesichts unserer schnellebigen Zeit, die nach der »Logik des Supermarkts« (Michel Houellebecq) immer schnellere Wahrnehmungen und

Sinneseindrücke produziert, verständlich. Lesen ist langsam und verlangt vom Leser nicht eine konsumistische Haltung, sondern die eines selbständig denkenden und empfindenden Subjekts. Wer diese Haltung nicht aufbringen kann (oder will), bringt sich allerdings um eine der schönsten Erfahrungen, um ein heilsames Vergnügen, das nicht erst Jorge Luis Borges mit der Paradiesvorstellung verband. Lebenskunst ohne Lesen – bevorzugt im Liegen – hat wenig zu vermelden. Sage ich als eine Lesebesessene. Und natürlich meine ich in erster Linie die Lektüre sogenannter schöner Literatur, die sich gegenüber den Zeitläuften als wunderbar robust erwies. Dostojewskij hat mir die Abgründe der schuldig gewordenen Leidenschaft gezeigt und den sanftesten aller Gottesnarren: Fürst Myschkin, »der Idiot« genannt; bei Stendhal ging ich in die Liebesschule; bei Kafka lernte ich die Gnadenlosigkeit der *condition humaine*; Camus sensibilisierte mich für die Revolte, Joseph Brodsky für das Vergehen der Zeit. Mit Gedichtbänden in der Tasche streifte ich durch alle möglichen Landstriche. Und ich muß gestehen, daß die Wahrnehmung, die die Verse mir erschlossen, an Genauigkeit, Frische und Extravaganz jeden kommunen Blick auf die Wirklichkeit übertraf. Ein von Lektüre begleitetes Venedig ist ein gesteigertes Venedig: einmalig neu und vertraut zugleich, weil Offenbarung auf Wiedererkennen stößt, weil die Imagination des Textes sich mit der eigenen (vor Ort) kurzschließt.

»Das Licht verengt die Augen zu Muscheln, die Ohren (Muscheln / ohnehin) erweitern sich beim Glockengetön. / Zur Tränke schlendern, Herde um Herde, die mächtigen Kuppeln / – sich selber im Wasser zu sehn. / Die Fensterläden werden aufgestoßen, es duftet / nach Zichorie und Kaffee, nach Putzzeug und Wäschekorb. / Und in den Schlund des Drachen stößt aus den Hüften / den Speer – wie in Tinte – Georg.« So Brodsky in seinem Zyklus »Venezianische Strophen (2)«. Ein Stimmungsbild mit weitem Atem, das Anschaulichkeit und Musik vereint.

Die Geduld des Lesens besteht im Buchstabieren der Worte und Leerstellen, im Ertasten der Sätze und Rhythmen. Bis Sinn und Fülle entsteht, eine »wiederverzauberte« Welt. Daß auch das Geschriebene selbst sich wesentlich der Langsamkeit verdankt, darauf verweisen seine Dichte und Komplexität. Marcel Proust hat sich viele Jahre und viele hundert Seiten lang auf die Suche nach der verlorenen Zeit gemacht. Seine minuziöse Recherche auf den Spuren der Erinnerung ist ein Sprachkunstwerk, das aus dem einmalig Besonderen den Funken des zeitlos Allgemeinen schlägt und das sich durch seine Machart jeder Art von Verfilmung entzieht. Hier die berühmte Madeleine-Szene:

»Sobald ich den Geschmack jener Madeleine wiedererkannt hatte, die meine Tante mir, in Lindenblütentee getaucht, zu verabfolgen pflegte (obgleich ich noch immer nicht wußte und auch erst späterhin würde ergründen können, weshalb die Erinnerung mich so glücklich machte), trat das graue Haus mit seiner Straßenfront, an der ihr Zimmer sich befand, wie ein Stück Theaterdekoration zu dem kleinen Pavillon an der Gartenseite hinzu, der für meine Eltern nach hintenheraus angebaut worden war (also zu jenem verstümmelten Teilbild, das ich bislang allein vor mir gesehen hatte) und mit dem Hause die Stadt, der Platz, auf den man mich vor dem Mittagessen schickte, die Straßen, die ich von morgens bis abends und bei jeder Witterung durchmaß, die Wege, die wir gingen, wenn schönes Wetter war. Und wie in den Spielen, bei denen die Japaner in eine mit Wasser gefüllte Porzellanschale kleine, zunächst ganz unscheinbare Papierstückchen werfen, die, sobald sie sich vollgesogen haben, auseinandergehen, sich winden, Farbe annehmen und deutliche Einzelheiten aufweisen, zu Blumen, Häusern, zusammenhängenden und erkennbaren Figuren werden, ebenso stiegen jetzt alle Blumen unseres Gartens und die aus dem Park von Monsieur Swann, die Seerosen auf der Vivonne, die Leutchen aus dem Dorfe und ihre kleinen Häuser und die Kirche und ganz Combray und seine Umgebung, alles deutlich und greifbar, die Stadt und die Gärten auf aus meiner Tasse Tee.«

Lese ich diese langen, vielfach verzweigten Sätze, folge ich Proust nicht nur bei der Verfertigung seines Gedankens, sondern nehme teil am Erinnerungsprozeß seines Helden, von Tee zu Tee. Die Sätze diktieren mir ihr Tempo, machen mich gefügig und offenbaren mir, *peu à peu*, ihr Geheimnis. Form und Inhalt sind, wie in aller großen Kunst, nicht zu trennen.

Heutzutage, so berichten Pädagogen und Sozialforscher, sei die Jugend kaum noch imstande, komplizierte Satzgefüge zu entziffern, geschweige denn zu

produzieren. Die Ellipsen der mündlichen Sprache, der appellative Stil der Werbung und die SMS-Diktion machen sich weiterum breit. Eile heißt die Losung, *message* die Schwundstufe der Kommunikation. Auch die jüngere Schriftstellergeneration hat sich dem Zeitgeist schon angepaßt, indem sie hastig Hauptsatz an Hauptsatz reiht oder (in Theatertexten) halbfertig-kaputte Sätze stammelt. Nur selten entsteht daraus eine stringente Ästhetik. Marlene Streeruwitz' Staccato-Stil hat Konsequenz:
»Die Sonne schien auf die Betonplatten vor dem Haus. Die Platten längliche Vierecke aus Waschbeton. 5 Platten der Länge nach die Front des Bungalows entlang. 7 Platten bis zum Gras unter dem Baum mit den großen herzförmigen Blättern und langen schmalen dunklen Schoten herunterhängend. 3 der Platten waren gesprungen. Quer. Da, wo man auf das Haus zuging. Sie kippten, wenn man auf sie stieg. Zwischen den Platten Grasbüschel. Sie saß am Fenster. Die Arme auf den breiten, fetten Armlehnen des Polstersessels. Sie sah hinaus. Zum großen Haus hin ein Rosenbeet links. Die Rosenstöcke klein und einzeln in der sandigen Ecke. Jeder Stock immer nur eine Blüte und die weißen Mauern des Hauses dahinter.«
Streeruwitz arbeitet mit schnellen Schnitten, nicht zufällig liest sich dieser Anfang der Erzählung *Majakowskiring* wie ein Drehbuch für einen Film. Wir sehen den Garten, wir sehen die Frau am Fenster, als entstammte sie einem Bild von Edward Hopper. Wir lesen und werden später oft ermüden, weil die auf einen Prosatext übertragene filmische Technik

auf die Länge irritiert, ebenso wie die durch Punkte abgetrennten »ja«, »aber«, »und«. Indes ist die Irritation gewollt, sind die syntaktischen Brüche und Abruptheiten, die Interpunktionsexzesse und hektischen Stockungen Teil eines Stilprogramms, das mit Trivialmustern kokettiert, indem es sie unterläuft. Außerdem zeigen sie den Versuch, die bruchstückhaft erlebte Wirklichkeit ästhetisch noch zu überbieten durch Fragmentierung. (Vorbei das Proustsche Projekt einer Rekonstruktion von Ganzheit.)
Streeruwitz' Texte sind nicht von ungefähr auf Provokation und Polemik angelegt. Beim Leser verhindern sie, was eine entspannte Lektüre ausmacht: Selbstvergessenheit. Die künstliche Kurzatmigkeit erzeugt Unruhe und Getriebenheit.
»Der Roman«, so meinte Elias Canetti in seinen Aufzeichnungen aus dem Jahre 1942 wegweisend, »soll keine Eile haben. Früher konnte auch die Eile in seine Sphäre gehören, jetzt hat sie der Film aufgenommen; an ihm gemessen muß der eilige Roman immer unzulänglich bleiben. Der Roman, als Geschöpf ruhigerer Zeiten, mag etwas von dieser alten Ruhe in unsere neue Hastigkeit tragen. Er könnte vielen Leuten als eine Zeitlupe dienen; er könnte zum Verharren reizen; er könnte die leeren Meditationen ihrer Kulte ersetzen.«
Peter Handkes Romane (um nur ein Beispiel zu nennen) folgen diesem Prinzip der Unhast. In ihnen klingt die Melodie von Epen und Märchen, deren Zeitmaß stets ein getragenes war. Ich wäre nun versucht, den langen Atem des Märchens zu beschwören, seine

heiter oder grausam grundierte Gelassenheit, die über Zeiten und Räume hinweg ihre Wirkung tut, weil sie sich dem Wunder nicht verschließt. (Märchen sind nicht zuletzt ideale Gutenachtgeschichten.) Aber ich möchte über die Liebe reden. Über die Lektüre als Liebesakt und den Liebesakt als Lektüre.
Ich bin allein mit dem Buch. Wir sind zu zweit. Mein rechter Finger folgt den Zeilen, streicht über den Seitenrand. Kein Eselsohr, sondern der Bleistift markiert, daß mich ein Wort, ein Satz oder ein Abschnitt berührt haben. Aha, sagt die innere Stimme, oder: Erstaunlich, das höre ich zum ersten Mal. Ich lese weiter, gespannt, beeindruckt, amüsiert. Spüre immer deutlicher, daß das Buch mir zum Freund wird. Ich rieche schon an ihm, fasse das glatte Papier zärtlich an. (Alberto Manguel: »Man liest eine bestimmte Ausgabe, ein bestimmtes Exemplar, das man an der rauhen oder glatten Beschaffenheit des Papiers erkennt, am Duft, am Riß auf Seite 72 und am Kaffeering rechts oben auf dem Rückendeckel.«) Meine Zärtlichkeit nimmt zu, weil das Buch mich versteht. Ja, es versteht mich, als hätte nicht ich es ausgesucht, sondern es mich. Unser Zwiegespräch könnte intimer nicht sein, während draußen die Landschaft vorbeizieht. Oder die Nachbarskinder toben. Wir teilen *einen* Raum, und er gehört uns, den liebend Verbündeten. So wie ich dich lese, liest dich niemand, sage ich zum Buch. Und das Buch: Was ich dir gebe, weißt nur du. Bis heute leihe ich meine Bücher nur ungern aus, weil ich mit jedem einzelnen (m)eine Liebesgeschichte hatte und der bloße Anblick eines bestimmten Um-

schlags nicht nur die Buchstory, sondern mehr noch meinen Umgang mit ihr evoziert.
Ich erinnere mich an russische Freunde, wie sie sich – in tiefsten sowjetischen Zeiten – mit einem Buch, das ich ihnen verbotenerweise mitgebracht hatte, auf die Datscha zurückzogen und, frierend in ihre Mäntel gehüllt, lasen und lasen, wie verliebte Verschwörer. Sie hatten Zeit, und die Lektüre war ihr Leben. Was ihnen der reale Sozialismus vorenthielt, fand sich glücklicherweise in Büchern – geschmuggelten, gestohlenen oder für ein ganzes Monatsgehalt heimlich erstandenen Büchern. Diese kannten sie dann in- und auswendig, als hätten sie sie als ultimative Überlebensration sich einverleibt.
Lesen als vitale Notwendigkeit, als lustvolle Gewohnheit, als spielerisches Korrektiv. Neulich in Bremen beobachtete ich folgende Samstagnachmittagsszene im Stadtpark: Auf einer Bank sitzt ein Ehepaar mit Kind, einem etwa achtjährigen Jungen. Der Vater liest vor, Frau und Sohn hören aufmerksam zu. Man konnte sehen, daß sie keinen Blick für die Passanten hatten. Die Sonne wärmte ihre Gesichter, die glücklich nach innen gekehrt schienen. Ich drehte mich mehrmals um, so friedlich war die Szenerie. Die drei hatten sich ungezwungen-beiläufig einen eigenen Raum geschaffen: einen Leseraum, eine Lesewirklichkeit. Jenseits aller Eile und Hast.
Auch Liebende schaffen sich ihren Raum, wenn nötig, mitten in der Öffentlichkeit. Besser freilich ist die natürliche Intimität des Zimmers, denn die Körper wollen gelesen werden. Auge, Hand, Zunge erkunden

tastend die Landschaft der Haut, Zartes und Grobporiges, Glattes und Rauhes, Wölbungen, Vertiefungen, Falten, Haar. Die Semantik des Körpers erschließt sich durch diesen Leseakt, dem der andere folgt: als Summa. Wobei die Lesarten variieren, wie die Tages- und Nachtzeiten. Meine Leistung ist es, dich immer neu zu sehen. Dank meiner Liebe, meiner Phantasie, meiner Geduld. Ich memoriere dich und lasse dich frei. Ich bin dabei, deine Codes zu lernen und so zu verlernen, daß du staunst. Ich werde dich nie ausgelesen haben.

ARBEIT (ANMUT)

Mein Bekannter S., ein Banker, sagt: Es herrscht großer Leistungs- und Anpassungsdruck. Wer sich bewähren will, muß ein Maximum geben. Muß initiativ und flexibel sein, für die richtige Kleidermarke und das richtige Auto arbeiten. Der physische Stress besteht in der chronischen Überlastung, der psychische in der Angst, nicht zu genügen und eventuell den Job zu verlieren. Unzufriedenheit und Unsicherheit gehen Hand in Hand.
Eine europaweite Umfrage von jobpilot.com und dem Internetmagazin »Tomorrow« hat ergeben: 29 Prozent aller Berufstätigen sind täglich auf der Suche nach aktuellen Jobs. Jeder Dritte surft mehrmals die Woche bei Online-Jobbörsen, 22 Prozent tun es mehrmals im Monat.
Richard Sennett schreibt in seiner soziologischen Studie *Der flexible Mensch. Die Kultur des neuen Kapitalismus*: »Im alten Regime der Routinezeit war es in Adam Smiths Augen vollkommen klar, was ein Arbeiter jeden Tag an seiner Arbeitsstelle zu tun hatte. Im flexiblen Regime ist das, was zu tun ist, unlesbar geworden. [...] Es herrscht eine oberflächliche Identifikation mit der Arbeit und Unverständnis gegenüber dem, was man da eigentlich macht.«
»Drift« nennt Sennett das Dahintreiben des modernen Menschen, der ständig Arbeit, Wohnort und Lebensform wechselt, um den Erfordernissen des globalen

Kapitalismus und seines kurzfristigen Wirtschaftens zu entsprechen. Die Folgen? Soziale Entwurzelung, labile berufliche und persönliche Identität, Stress, Apathie.
Das Syndrom macht auch vor den Manageretagen nicht halt, wo Macht zügig-brutal umverteilt wird und Verantwortungsgefühl bzw. Moral Seltenheitswert erlangt haben. Der Topkarrierist ist meist topgeschädigt: auf der Jagd nach optimaler »Performance« und den Superlativen des Lebens praktiziert er Selbstverschleiß, der ihn über kurz oder lang auch beziehungsuntauglich macht. Abgesehen davon, daß ihm die Zeit, die Geld aufwiegen soll (Benjamin Franklin: »Time is money«), vollkommen abhanden kommt. *Wir schlafen nicht* nennt Kathrin Röggla ihren (auf realen Interviews basierenden) Managerroman, der die Misere drastisch zur Sprache bringt. Wobei das Unheimlichste vielleicht darin besteht, daß diese »Chefs« keine Sprache mehr haben für ihre Befindlichkeit. Die Sprache selbst ist zum Klischee, zum Stereotyp geworden – eine Blase, wie die Werbung sie täglich massenhaft hervorbringt. Fad und austauschbar.
Erfolg um den Preis von Anpassung, Leistungsdruck, minuziöser Zeiteinteilung, unentwegt wachsenden Anforderungen, totaler Verfügbarkeit, mithin Vernachlässigung der Privatsphäre, will gewollt sein, erscheint aber nicht nur für Ehrgeizige nach wie vor attraktiv. Zumindest eine Zeitlang. Ich höre das Argument: Bis vierzig schufte ich und mache Geld, dann kommt das andere Leben. Hübsche Planung, wenn die Rechnung aufgeht. Aber solche Arbeit verändert,

macht süchtig, verschleißt. Statt Anmut generiert sie Aggression. Und das »andere Leben« rückt in immer weitere Ferne.

Die Formel: schnelle Arbeit, schnelles Geld, schnelles Leben verlangt nach dem Gegenstück: der Aus- und Freizeit. Doch das Splitting ist illusorisch. Weil auch die sogenannte Freizeit unweigerlich in den Sog des Tempos und der Leistung gerät. Die Gier, sich nun möglichst viel Genuß zuzuführen, führt zu neuerlichem Druck und durchorganisierten Zeitabläufen. Das gilt oft auch für bewußte Frührentner und Aussteiger, die ihr selbstbestimmtes Leben gestalten, als wäre es nach wie vor fremdbestimmt.

Keine Frage, der Arbeit haftet ein zwiespältiges Odium an: sie gilt als lebensnotwendig und zugleich als lästig. Die alte benediktinische Ordensregel »Ora et labora« – »bete und arbeite« – hat längst ausgedient, heute heißt das Doppelpackage: Arbeit und Spaß. Wobei der Spaß nicht von der Arbeit kommt, sondern von deren pekuniärem Ertrag. Dieser ermöglicht Urlaub, Unterhaltung usw., während die Arbeit selbst Unzufriedenheit erzeugt. Der Spaß ist also teuer erkauft, nämlich durch die Fron eines aufreibenden, wenig Erfüllung bietenden Arbeitsalltags.

Irina, die jüngste von Tschechows *Drei Schwestern*, klagt (im 2. Akt) bitter über ihre Arbeit als Telegrafistin. Nur müde sei sie, sterbensmüde, und reizbar. Wo bleibt die Erfüllung, der Sinn dieser hektischen Schufterei? »Es ist eine Arbeit ohne Poesie, ohne Geist …« Dabei wollte sie doch mit jugendlichem Elan zur Verbesserung des Lebens beitragen. Die Fallhöhe

zwischen Eifer und Ernüchterung ist um so schmerzlicher, als auch Irinas sonstige Träume zunichte werden: ihr Verlobter fällt im Duell, und das ersehnte Moskau bleibt fern wie eh und je. Einziger kleiner Trost: statt auf dem Telegrafenamt wird sie zukünftig als Lehrerin in der Schule arbeiten. Für eine Idealistin wie sie ist aber auch das keine Glücksgarantie.
Tschechows aus dem Dornröschenschlaf aristokratischen Provinzmüßiggangs erwachte Figuren propagieren ein hohes Arbeitsethos, das hehre humanitäre Ziele verfolgt. Und ihre Enttäuschung rührt nicht zuletzt daher, daß Ideal und Wirklichkeit auseinanderdriften. Heutzutage indes überwiegt ein Verständnis von Arbeit, das sich nicht um »Weltverbesserung«, sondern nur um das eigene Fortkommen kümmert: pragmatisch und egoistisch-zielstrebig. Die Schufterei dient zur Anschaffung eines Autos, eines Hauses, einer Zweitwohnung usw. Erfolg mißt sich in Zahlen, die Quantität hat die Qualität ersetzt.
Lebensqualität aber würde zum Beispiel bedeuten, daß Arbeit und Freizeit zusammenfinden zu einer erfüllten Einheit; was hieße, daß Karriere und Spaß ersetzt würden durch Optionen wie Selbstverwirklichung und Freude. Statt Hype und Hast die Besinnung auf eigene Fähigkeiten, Begabungen, Rhythmen, Bedürfnisse (körperlicher, geistiger und seelischer Art). Vielleicht ergibt sich ein Patchwork von Tätigkeiten, warum nicht. Da arbeitet einer Teilzeit auf der Post, übersetzt Texte zur Kunst aus dem Französischen und Englischen ins Deutsche, und frönt seinem Hobby als Porträtfotograf. Sein Lächeln verrät,

daß er zufrieden ist. Denn mit den Augen lächelt nur der, der ein »Hauptdarsteller seines Lebens« ist.
Ich kenne etliche junge Menschen, die nicht höher hinaus wollen, als es ihnen ihre innere Stimme diktiert. Sie tragen keine Armbanduhren, lassen sich für Gespräche und fürs Essen Zeit, reden weder über Arbeitsrationalisierung noch über Aufschwung, interessieren sich jedoch für viele Belange des Lebens, wach und präsent. Sie kennen die Begeisterung, das Engagement, die Neugier und die Anmut. Ich sage Anmut und meine Unverkrampftheit oder jenen Ehrgeiz, der nicht schnurgerade auf ein Ziel zusteuert, sondern sich diesem gelassen nähert.
Dabei fällt mir ein wunderbar gelassenes Gedicht von Eduard Mörike ein, das den Gelassenen Tribut zollt.

Inschrift auf eine Uhr mit den drei Horen

Am langsamsten von allen Göttern wandeln wir,
Mit Blätterkronen schön geschmückte, schweigsame.
Doch wer uns ehrt und wem wir selber günstig sind,
Weil er die Anmut liebet und das heilige Maß,
Vor dessen Augen schweben wir im leichten Tanz
Und machen mannigfaltig ihm den langen Tag.

Anmut, mit dem »leichten Tanz« verwandt, ist das Gegenteil von hektischem Getriebensein, so wie »das heilige Maß« all dem gegenübersteht, was sich die globalisierte Welt auf die Fahnen geschrieben hat: Exzeß,

Beschleunigung, Rausch. Mörikes Gedicht winkt wie aus fernen Zeiten herüber. Doch überläßt man sich seinem Rhythmus, entfaltet es eine zauberische Wirkung: es beruhigt ad hoc. Der Atem geht langsamer und gleichmäßiger, ein Gefühl schwebender Leichtigkeit stellt sich ein. Kein Wunder. Denn die Horen genannten antiken Göttinnen, drei an der Zahl, verkörpern die vornehmsten Werte: Eunomia das Gesetz und die Ordnung, Dike die Gerechtigkeit, Eirene den Frieden. Diese Werte unterliegen keinem Stress, keiner Markthysterie, keinem Wettbewerb, auch wenn ihre Verwirklichung zum schwierigsten gehört. Take your time, sagen die Horen. Damit verbindet sich fast schon ein Take it easy, sofern das Gewicht des Seins ernst genommen wird. (Für Surfer der Oberfläche gibt es weder Schwere noch Anmut.)

Der junge Bauer in B. hat einen 16-Stunden-Tag wie ein Firmenboss, sitzt aber nicht in einem vollklimatisierten Büro, sondern bewegt sich ständig: zwischen Stall und Wiese, zwischen Haus und Alpweide. Ich sehe ihn beim Mähen, beim Eintreiben der Schafe, beim Beobachten der Kuhherde, beim Holzfällen, zu Fuß oder auf dem Traktor. Immer gut gelaunt, manchmal ein Kind an der Hand. Die Brüder wollten den Hof des Vaters nicht übernehmen, der eine ist Gemeindeschreiber, der andere Elektriker geworden, nur R. entschied sich für die Landarbeit. Er strahlt Zufriedenheit aus. Keiner redet ihm hinein, er verbringt die meiste Zeit an der frischen Luft, in einer weitgehend unverdorbenen Natur. Als Züchter schottischer Hochlandrinder in den Schweizer Bergen ist er so erfolgreich, daß er das Haus, in dem er mit seiner fünfköpfigen Familie lebt, hat ausbauen können. Stresssymptome, Panikattacken oder Schlaflosigkeit kennt er nicht. Er hält sein Leben nicht für eine Idylle, aber für das richtige. Ein anderes könnte er sich nicht vorstellen.

In B. gibt es einen geregelten Dorfalltag: man weiß, wann die Glocken läuten, wann es Zeit ist, in den Laden, in die Kneipe oder in die Molkerei zu gehen. Der Plausch am Brunnen ist Frauensache, das Weintrinken an den Steintischen des Grottos Männersache. Ab zehn Uhr abends schweigt das Dorf; nur da und dort flimmert ein Fernseher im Fenster. Die Sonntage sind müßiggängerisch, die Feiertage fröhlich: man gönnt sich den Ausgang und schwingt auch mal das Tanzbein, wenn eine Kapelle aufspielt. Die Rhythmen sind stetig, die Rituale verankert. Nur die Arbeit zwingt einen wegzugehen. Einige pendeln, andere ziehen in die Städte. Um immer wiederzukommen: der Ort läßt sie nicht los. Und alt werden wollen sie nur im Dorf. Wollen durch die Kastanienwälder streifen, die Boccia-Kugeln rollen lassen, sich Geschichten erzählen, ohne Eile. Im Windschatten der großen Welt hält die kleine ihre Fähnchen möglichst aufrecht, buchstabiert tapfer ihr Alphabet, während der Globalisierungsspuk über den Äther in die Zimmer dringt und der Dorfboss, ein reicher Schreiner, schon managerhaft durch die Gegend wirbelt. Ja doch, Risse gehen auch durch B., Gewohnheiten und Generationen reiben sich unmerklich, R. ist fast der letzte Bauer im Dorf, was weiter sein wird, ist ungewiß. Aber wenn der Blick auf die alten Steinhäuser fällt und die bewaldeten Hänge hoch klettert, verstummen die Fragen.

Natur (Nichtstun)

Wenn Nietzsche in bezug auf den menschlichen Charakter postulierte, »das beschauliche Element in großem Maße zu verstärken«, suchte er Anschluß bei Goethe: »Wir alle erkennen mit Goethe in der Natur das große Mittel der Beschwichtigung für die moderne Seele« (*Menschliches, Allzumenschliches I*, »Das religiöse Leben«). Natur meint das Verläßliche, Bleibende, sich aus sich selbst heraus Regenerierende, mit einem Wort: die Gegenwelt zum Faustisch-Veloziferischen, wobei derselbe Goethe sich bewußt war, daß der Tatmensch auch ihr zu Leibe rücken würde.
Was der Jetztmensch mit Natur assoziiert? Beschädigung, Ausbeutung, Verseuchung einerseits, grüne Oasen, Reservate, Erholungsgebiete, Ferienparadiese andererseits. So oder so erscheint die Natur weitgehend gebändigt, verwaltet, kommerzialisiert. Respekt flößt sie fast nur noch ein, wenn sie Katastrophen produziert. Und doch sucht der Romantiker in uns in der Restnatur Trost, Ruhe und eine »heile Welt«; sie soll ihn entschädigen für den hektischen Alltag und ihm ein Gefühl von harmonischer Schönheit geben. Was die Reklame touristisch propagiert und als Highlight kitschig aufbereitet, gründet auf solcher Sehnsucht, erweist sich aber als schiere Illusion. Der karibische Sandstrand will nicht erobert, sondern »gelesen« werden; und rufe ich forsch in den stillen Wald, höre ich meine, nicht seine Stimme.

Damit die Natur – mit Goethe – Beschaulichkeit lehrt, muß ich sie als Subjekt wahrnehmen. Zum Objekt degradiert, als bloßes Setting für Sportevents und Entspannungsurlaub, spricht sie nicht. Ihr Reichtum erschließt sich nur, wenn ich mir Zeit lasse, von ihr angesprochen zu werden, indem ich mich schauend, riechend, tastend auf sie einlasse. Meine »Lektüre« setzt Offenheit und Empathie voraus, Geduld und die Fähigkeit zu staunen.
Das Staunen beginnt mit der Wahrnehmung dessen, was ist, wie es Inger Christensen in ihrem großen Schöpfungspoem *alphabet* (1981) vorführt:
»die aprikosenbäume gibt es, die aprikosenbäume gibt es // die farne gibt es; und brombeeren, brombeeren / und brom gibt es; und den wasserstoff, den wasserstoff // die zikaden gibt es; wegwarte, chrom / und zitronenbäume gibt es; die zikaden gibt es; / die zikaden, zeder, zypresse, cerebellum // [...] den fischreiher gibt es, mit seinem graublau gewölbten / rücken gibt es ihn, mit seinem federschopf schwarz / und seinen schwanzfedern hell gibt es ihn; in kolonien / gibt es ihn; in der sogenannten Alten Welt; / gibt es auch die fische; und den fischadler, das schneehuhn / den falken; das mariengras und die farben der schafe; / die spaltprodukte gibt es und den feigenbaum gibt es; / die fehler gibt es, die groben, die systematischen, / die zufälligen; die fernlenkung gibt es und die vögel; / und die obstbäume gibt es und das obst im obstgarten wo / es die aprikosenbäume gibt, die aprikosenbäume gibt, / in ländern wo die wärme genau die farbe im fleisch / erzeugen wird die aprikosenfrüchte haben...«

Das Poem treibt die Aufzählung immer weiter, wobei es mit jedem Buchstaben des Alphabets komplexer wird (gemäß der Progression der Fibonacci-Reihe, in der jedes Glied die Summe der beiden vorangegangenen Glieder darstellt). Vor den Augen des Lesers entfaltet sich die Welt als Natur und Menschenwerk, Zeit und Historie treten hinzu, schließlich auch das lyrische Ich mit seiner spezifischen Wahrnehmung und Erinnerung. Doch drängt sich dieses nicht auf: die Nennung der Phänomene bleibt Hauptsache. In ruhigem Rhythmus, mit Würde und Ernst verweist Christensen auf das Existente – im Bewußtsein seiner Vergänglichkeit. Der Todesgedanke grundiert diese »Schöpfungsgeschichte«, von Angst aber ist nichts zu spüren. Als wäre Verlaß auf ein kosmisches Walten, das – im Kleinsten manifest – Zeit und Raum transzendiert:

»... schau die wasserklare quelle / ist geronnen und klein / wieder unterwegs den berg hinauf / und die bodenlosen rosen / haben sich in mooren versteckt / unverlierbarer pollen gelagert / in unendlichkeit / dort werden sie ins reine geschrieben mit derselben art schrift / wie der die vom treiben der wolken geschrieben wird / wie der womit der Archäopteryx in stein schrieb / quer zu einer schwindelerregenden himmelblauen reinen / unendlichkeit / unendlichkeit ...«

Christensens respektvolle Natur-»Anschauung« moniert die gierige Natur-Aneignung und vermittelt durch ihren kontemplativen Charakter etwas von der beruhigenden Wirkung der Natur selbst: Poesie als Katalysator. Poesie als Medium der Wiederverzauberung einer durch Technik und Beschleunigung entzauberten Welt.

Auch Peter Handke nähert sich der Natur mit Bedacht und Achtung, doch immer aus dem Blickwinkel des beobachtenden Ichs, das in und dank der Natur epiphanische Momente erlebt. Die Natur als Katalysator, der sie beschreibende Text als Versuch einer Erweckung. In dem epischen »Märchen aus den neuen Zeiten«, *Mein Jahr in der Niemandsbucht*, gibt es folgende verzauberte Stelle:

»Als sei es ein Zeichen der Waldmitte, blinkte an dem Ort, anders als überall, wo ich zuvor gegangen war, kein Wasser mehr, nicht einmal die üblichen kleinen Tümpel, auch kein Rinnsal. Der Sand, der auf den Weg nicht aufgeschüttet war wie anderswo in der Bucht, sondern aus dem Untergrund kam, durch eine dünne Humusschicht gebrochen, staubfein, war der einer weitgestreckten Düne, die ebenso nackt sichtbar wurde auch in der Böschung, da nur fester und lehmiger, durchzogen von Wurzelwerk, durchlöchert stellenweise von den da vor meinen Augen massenhaft, wie aus altertümlichen Höhlenstädten, an den Tag schlüpfenden, taumelnden, auffliegenden Erdbienen. – Der Weg lief geradeaus, buckelte und muldete sich nur stetig und verschwand in einem entrückten Bereich, wo schon ein Fernlicht winkte, wenn auch dort mit dem ebensolchen Muster der krummen Astschatten wie zu meinen Schuhspitzen. Der Sand wechselte von Wegstück zu Wegstück die Farbe, ging von einem Lößgelb über in ein Aschgrau, vom Kohlschwarz in ein Strandweiß, Ziegelrot, Wüstenbraun. Die Farben erschienen scharf getrennt, Strecke für Strecke, und zu einer jeden zeigte sich jetzt ein entsprechendes Tier, wie dem besonderen Sand da entwachsen. – Aus dem Hellgelb stieg ein Zitronenfalter auf. Den Abschnitt Grau sah ich belebt von den wie gerade da ausgeborenen gleichgrauen Eidechsen, in der Dreizahl, entsprechend dem Wappen der Vorstadt, die sich hier in die Wälder hineinzieht. Und dort, wo der Weg sich plötzlich schwärzte, ging und glänzte, dazu passend, ein riesiger Rabe, dessen Dahinscharwenzeln mich an eine Ente erinnerte, dessen Glänzen an meine geflohene Frau ...«

Wo Christensen präsentisch aufzählt, das Allgemeine dem Besonderen überordnet, erzählt Handke – im Erzähltempus des Präteritums – von einer spezifischen Naturbegegnung seines Ich-Helden. Dieser geht auf seine Umgebung penibel ein, ohne sich selber aus dem Spiel zu lassen. Der Moment, um den alles kreist, unterliegt vordergründig der Wahrnehmungsregie des Ichs, verdankt seine Erfülltheit aber einer »Osmose« zwischen Ich und Natur, dem Gefühl vielfältiger Übereinstimmung und zeichenhafter Korrespondenzen.

Es sind stets langsam-verschlungene Wege, die bei Handke in glückhaft-verdichtete Momente münden. Seine Epik, die wie Inger Christensens grandioses Weltalphabet auf Ganzheit zielt, mäandert flußgleich, kennt die retardierende Abschweifung und das geduldige Hinschauen und handelt oft genug vom Gehen, das einen besonderen Rhythmus und Blick auf die Dinge erzeugt. Gehen ist nicht Nichtstun, aber auch nicht Arbeit, es ist nomadisierende Bewegung, die zur

Erkundung wird. »Geht so lange, bis ihr die Einzelheiten unterscheidet, so langsam, daß euch wieder die Welt gehört, so langsam, daß klar wird, wie sie euch *nicht* gehört« (*Über die Dörfer*). Organe des Erkundens sind die Augen und mehr noch die Füße, wobei die Sinnlichkeit, die sich aus der Berührung des Bodens ergibt, ihren eigenen Erkenntniswert hat. Der zu Fuß Laufende spürt Reibung, Widerstand, und spürt bei jedem Schritt sein Gewicht, um nicht zu sagen sein Alter. »Alles wird anders«, so Milan Kundera in seinem Roman *Die Langsamkeit*, »wenn der Mensch die Macht der Geschwindigkeit auf eine Maschine überträgt: von dem Moment an ist sein Körper aus dem Spiel und er gibt sich einer Geschwindigkeit hin, die unkörperlich, immateriell ist, reine Geschwindigkeit ...«

Handkes Helden lieben – wie der Autor selbst – die Langsamkeit, die Schwere, die Landschaft. Sie wandern durch slowenische oder spanische Landstriche, streifen durch Wälder oder durch städtische Randzonen, wo Natur und Zivilisation einander durchdringen. Immer zwischen Aufbruch und Ankunft, immer auf der Suche nach Ruhe und Festigkeit. Nach Seßhaftigkeit? Auch das. Aber wie und wo ist sie zu haben?

Eine Rückblende zu Adalbert Stifter, der ein Jahr vor seinem Tod seinen Geburtsort Oberplan besuchte und in seinem Elternhaus das (Fragment gebliebene) autobiographische Werk *Mein Leben* schrieb. Der Text sucht nach einer Verortung, indem er Wirklichkeit und Erinnerung abfragt und in Beziehung zueinan-

der setzt – mit einer seltenen ästhetischen Geduld, die Hans-Georg Gadamers Diktum bestätigt, »daß wir am Kunstwerk eine spezifische Art des Verweilens lernen« (*Die Aktualität des Schönen*):
»Auf diesem Fensterbrette sah ich auch, was draußen vorging, und ich sagte sehr oft: ›Da geht ein Mann nach Schwarzbach, da fährt ein Mann nach Schwarzbach, da geht ein Weib nach Schwarzbach, da geht ein Hund nach Schwarzbach, da geht eine Gans nach Schwarzbach.‹ Auf diesem Fensterbrette legte ich auch Kienspäne ihrer Länge nach aneinander hin, verband sie wohl auch durch Querspäne und sagte: ›Ich mache Schwarzbach!‹ In meiner Erinnerung ist lauter Sommer, den ich durch das Fenster sah, von einem Winter ist von damals gar nichts in meiner Einbildungskraft.«
Stifters Kind-Ich blickt aus dem Fenster auf die Straße, so wie die Kids von heute fernsehen. Mit dem Unterschied, daß es reale Vorgänge erfaßt, um sie anschließend spielerisch nachzustellen. Das Fensterbrett als verläßlicher Ort ist dabei die Voraussetzung für alle Spiele. Erst seine solide Präsenz erlaubt die Leichtigkeit ludistischer Anwandlungen, aber auch das Abenteuer der Identitätsfindung.
Der Befund gilt noch heute. Oder heute erst recht. In einer Zeit rasanter Veränderungen, demokratischer Raumnivellierung und kommunikativer Ubiquität ist Festigkeit angesagt. Und ein dezidiertes Nein gegenüber den Zumutungen von Akzeleration und Simulation. Ich sitze im Fauteuil, ich tue nichts, ich bin. Ich spüre mein Gewicht, die Schwere meiner Glieder,

die Stille um mich herum. Sehe, wie sich eine winzige Mücke auf der Armlehne niederläßt. Das Fensterbrett ist weiß. Es ist jetzt. (Echtzeit unmittelbaren Seins, nicht Echtzeit einer medialen Interaktivität irgendwo und nirgendwo auf dieser Welt.)

»(Zeit werden.) // (Nichts *tun*.) // Nichts als Nacht. // ⌣⌣⌣ / (atmen)« (Oswald Egger)

Geschwindigkeit (Grenze)

Geschwindigkeit ist zum Wahrzeichen des 20. Jahrhunderts geworden. Zu ihrem Alphabet gehören technische, kulturelle und semiotische Beschleunigung, Turbokapitalismus und High-Speed-Technology, totale Mobilmachung und rasender Stillstand, Massenmotorisierung und Temporausch, Vergleichzeitigung, Quicktime und Telepräsenz. Erfolg und Erlebnissteigerung scheinen fest an sie gebunden und der Alltag mit Schnellimbiß, Schnellreinigung, Schnellreparatur und Schnelltransporter fest in ihrer Hand. Computer fungieren als Hochleistungsmotoren und eigentliche Tempomaschinen. Sie steuern Flugzeuge und Hochgeschwindigkeitszüge, den Nachrichtenverkehr und den Informationsfluß, Produktionsmanagements und Medizintechnik, während digitale Stoppuhren die Rekordleistungen von Hochgeschwindigkeitssportlern in Tausendstelsekunden messen und Hochgeschwindigkeitskameras Bewegungsabläufe zu optimieren suchen.

Geschwindigkeit scheint nicht nur anzustecken, sie hat fast schon Selbstzweckcharakter erlangt. Und verlangt nach immer weiterer Beschleunigung. Von Wachstums- und anderen Grenzen will man nichts wissen, sie widersprechen dem ungebremsten Expansionsdrang der gegenwärtigen Turboökonomie. Doch bevor Kollaps und Implosion drohen, wäre auf die Alarmzeichen grassierender Geschwindigkeitsexzesse zu achten: auf die durch Raserei verursachten Verkehrstode (»La vitesse ou la vie« lautet die prägnante Formel auf französischen Autobahntafeln), auf die Abgase im Luftraum und auf den verkehrsverstopften Straßen, auf körperliche und seelische Stresskrankheiten (»hurry sickness«, »acceleration disorder«, »compression tiredness«), auf die durch eine beschleunigte Automatisierung der Produktion generierte Arbeitslosigkeit, auf die »Informatikbombe« (Paul Virilio), deren Virtualitätseffekt im Menschen den Sinn für das Reale, nicht zuletzt auch für die Realität des Leidens und der Gewalt abtötet.

Warnende Stimmen gibt es bereits und solche, die eine sanfte Trendwende propagieren. Die Ratgeber-Bücher heißen *Slow Down Your Life* oder *Vom Tempo der Welt*, die Internet-Adressen zur Wiederentdeckung der Langsamkeit etwa »Gesellschaft zur Verzögerung der Zeit« (www.zeitverein.com), »Klub der Faultiere« (www.slothclub.org) oder »Slow Life« (www.slowlife.net). Auch »Slow Cities« (www.cittaslow.net) und »Slow Food« (www.slowfood.de) sind bereits im Schwange und verfolgen eine clevere Marketing-Strategie. In den verkehrsberuhigten, ökologisch operierenden (italienischen und anderen) Kleinstädten soll ein Eile-mit-Weile herrschen, in den »langsamen« Gaststätten die Freude an einer gesunden, auf biologischen Produkten basierenden Küche. Gut so. Das Konzept entspricht – über seinen kommerziellen Aspekt hinaus – dem, was Virilio als »neue Ethik der Wahrnehmung« bezeichnet. Es geht um eine Zuwendung zum realen Hier und Jetzt: um menschenfreundliche Stadtplanung, um die Qualität (und das spezifische Gewicht) unserer Lebensumgebung, um physische Erfahrung und Nähe, um eine Kunst des Sehens, die verantwortungsvolle Augenzeugenschaft beinhaltet, um eine Aufwertung des Taktilen oder der »Hautperspektive« (auf Kosten des »Datenanzugs« und der »elektronischen Zwangsjacke«), um reale Lust (statt Cyber-Sex), um unmittelbare Sinneseindrücke und Empfindungen (statt virtueller Reizüberflutung), um die Rückgewinnung der Tiefendimension von Raum und Zeit im »globalen Dorf«.

Virilios Postulate sind dringlich, stoßen aber auf den Widerstand jener, die die widerständige Wirklichkeit lieber durch die unverbindliche Leichtigkeit der virtuellen ersetzen. (Nicht umsonst heißen die Modewörter: easy, light, quick.) Je weniger reale Reibungsfläche, desto größer der vermeintliche (Lust-) Gewinn. Geschwindigkeit wirkt rauschhaft, weil sie ein Gefühl der Immaterialität erzeugt. (Der Dichter Giacomo Leopardi sprach in seinem *Zibaldone* von einer »Vorstellung vom Unendlichen«, die der schnelle Pferderitt vermittle. Das war 1821. Wäre er heute zum Beschleunigungsmystiker geworden?) Die Grenzenlosigkeit der Echtzeit mutet ähnlich soghaft an. Sog einer fatalen Verführung, wie Virilio warnt: »Die Teletechnologien der Echtzeit töten die Gegenwart, indem sie sie von ihrem Hier und Jetzt isolieren zugunsten eines kommunikativen Anderswo, das nichts mehr mit unserer konkreten Gegenwart der Welt, sondern nur noch etwas mit einer vollkommen rätselhaften diskreten Telepräsenz zu tun hat.«

Alltagsszenarien: Der Computerfreak, der sich auch am Abend nicht von seiner Maschine lösen will, während seine Frau vergeblich auf ein Gespräch und ein gemütliches Zusammensein wartet. Irgendwann sitzen sie gemeinsam vor dem Fernseher, kurzes Zapping, das war's. – In einer italienischen Flaniermeile findet Unterhaltung kaum noch zwischen Paaren statt; Einzelpassanten schreien – bei lebhafter Mimik und Gestik – in ihre Handys, lauter wandelnde Monaden, unterwegs in einem »kommunikativen Anderswo«. – Im Internet-Café sitzen die Benutzer Seite an Seite vor ihrem Bildschirm und schauen gebannt ins Flimmern. Nichts lockt sie, zu ihrem Nachbarn hinüberzuschauen. Ihre Einsamkeit – ihr Autismus? – ist perfekt, mögen sie auch stundenlang chatten. Der Chat ist häufig anonym, immer schnell, immer unverbindlich, elektronischer Small-talk, der sich selbst genügt. Eine mitunter vergnügliche Blase. Mehr nicht. – Wohin man blickt, sieht man Gleichzeitigkeitsartisten: Gabel rechts, Handy links, und flüsternd noch ein paar Anweisungen an eine stumme Anwesende geben; beim Walking oder Autofahren Business-Gespräche führen; in der Pfanne rühren, telefonieren und Radiomusik hören; die Freundin streicheln, simultan durch den Äther die Mutter beschimpfen und im Hintergrund fernsehen. Das funktioniert nur dank einer gestreuten (zerstreuten) Aufmerksamkeit, die ihr Objekt schwebend, surfend berührt und tendenziell temporeich auf der Flucht ist.

Im Geschwindigkeitszeitalter hat es die Konzentration schwer, fokussiert zu bleiben. Sie löst sich gewissermaßen auf und nimmt die Unschärfe in Kauf. Gekonnt macht sich das die visuelle Werbung zunutze, während die Künste – vor allem Film, Video und Theater – ästhetisches Kapital daraus schlagen. Frank Castorfs Inszenierungen setzen auf rasantes Tempo, multiple Abläufe, die perspektivisch ergänzt werden durch das Medium Video. Die schrille Bild- und Bewegungsregie strapaziert auch modernste Sehgewohnheiten, beziehungsweise »hysterisiert« den Hype des westlichen Alltags. Steigerung, Verstärkung, »Verschlagzeilung«, Eklat heißt die Losung. Castorfs scheinpornographisches Theater zeigt, daß der Einzelne zum Opfer seiner eigenen Erfindungen zu werden droht. »Er ist von überlegenen Medienspuken umgeben, die ihn verhexen. Er ist der gescannte, gepixelte, fragmentierte, geklonte Knecht der Märkte und Lebenswissenschaften« (Peter Kümmel). Inmitten von Kameras, Leinwänden, Monitoren kommunizieren die Castorfschen Figuren nicht miteinander, sondern mit medialen Vor- und Nachbildern. Gefeiert wird der Trash, die Triebabfuhr, die kalte Orgie, wobei jeder sein Letztes gibt, aber keiner das Innerste fühlt. Als inszenierte Castorf den »Generalverdacht unserer Zeit, daß dieses innere Leben vielleicht gar nicht mehr existiert« (Peter Kümmel).

Ein Befund, der hellhörig macht. Doch die ganze Wahrheit repräsentiert er nicht. Gegenstück zu Castorf ist der mindestens ebenso erfolgreiche Christoph Marthaler, der auf gegenteilige Werte setzt: auf Empathie, Langsamkeit, Lesbarkeit, Humor. Marthalers »erotisches Theater« kommt ganz ohne Gewalt und Medienaufgebot aus, ohne Schrillheit und Anbiederung an den kommunen Trash. Hier wird leise gesungen und ausgiebig geschlafen; Einsamkeit und Müdigkeit kommen ungeniert auf die Bühne. Der Zuschauer atmet auf: menschliche Regungen, ruhige Rhythmen, Musik, die ans Herz geht, skurriler Witz; endlich ist Fühlen statt Voyeurismus angesagt, melancholisches Lachen statt schockhafter Erstarrung. Keine Spur von Werbeklamauk und sonstigen schnellen Verführungsgags: Schuberts »Schöne Müllerin« entfaltet ihren Zauber ohne Beimischung modischer Gegentöne. Allerdings darf liegend und zur Wand gesungen werden, soviel Nonchalance ist erlaubt. Zumal Pathos und Lüge bei Marthaler nichts zu suchen haben.

SCHRIFT (SCHLAF)

»Die Schrift, dieses zeilenförmige Aneinanderreihen von Zeichen, macht überhaupt erst das Geschichtsbewußtsein möglich. Erst wenn man Zeilen schreibt, kann man logisch denken, kalkulieren, kritisieren, Wissenschaft treiben, philosophieren – und entsprechend handeln. Vorher dreht man sich in Kreisen. Und je länger man Zeilen schreibt, desto historischer kann man denken und handeln. Die Geste des Schreibens ruft das historische Bewußtsein zutage, welches sich durch immer weiteres Schreiben verstärkt und vertieft und das Schreiben seinerseits immer stärker und dichter werden läßt.« (Vilém Flusser)
Während die Linearität der Schrift Historie, mithin eine Tiefendimension erzeugt, hat das Bild als Einzelzeichen Signalcharakter. Es ist auf Eindeutigkeit und schnelle Entzifferung angelegt. Erst eine Bildsequenz ermöglicht eine Art Syntax sowie ein Bezugssystem. Was die heutige Bilderflut produziert, hat größtenteils den Charakter von Befehlen (zwischen Aufforderung, Gebot und Verbot). Der Wald von Zeichen wird immer dichter.
Schrift ist langsam und verfügt über einen hohen Komplexitätsgrad. Am komplexesten gibt sie sich in der Dichtung, die sich – jenseits bloßer Nachahmung – sprachschöpferisch gebärdet, Regeln umstößt und im Uneindeutigen/Mehrdeutigen zu sich selbst kommt. »Die Dichter sind unsere Wahrneh-

mungsorgane«, schreibt Vilém Flusser, die Dichtung, so wäre zu ergänzen, ist eine Domäne der Wahrnehmungserweiterung. Oder mit Joseph Brodsky: »Poetry is the art of the unpredictable.« An solcher Unvorhersehbarkeit müssen Computerprogramme kläglich scheitern, auch wenn sie es mit allerlei Spielen schon weit getrieben haben.

Schreiben von Gedichten ist kein Sport, bei dem sich ein Gewiefter Umwege und komplizierte Hürden ausdenkt. Ebenso wenig ist die Lektüre von Gedichten ein sportliches Kopfzerbrechen, Rätselraten und ähnliches mehr. Ein Gedicht bewegt sich im Spannungsfeld zwischen Ordnung und Un-Ordnung, zwischen Freiheit und Zwang, und der Dichter zwischen Tun und Geschehenlassen, zwischen Aktiv und Passiv. Das braucht Zeit. Das ist ohne alerte Geduld nicht zu haben.

Der Lyriker Peter Waterhouse nimmt in seinem Gedicht »Über das, was die Hand ist, und das, was in der Hand ist« (1986) den Leser selbst an die Hand, um ihn in meditativen Satzmäandern und mittels subtiler Wort-Spiele zu ebenso subtilen Wahrnehmungsereignissen zu führen:

»Man nimmt ein Holz in die Hand und sagt: / Ich und der Festtag. Das Große verwandelt sich / am Ende des Arms in eine zuversichtlich gehaltene Einzelheit / selten. Warum? // Selten. // Die Hand ist nicht selten, aber sie öffnet sich zum anderen / ihrer Beständigkeit selten. In den Fingern spüren die Finger / den Festtag: Holzig, ein Gewicht, unnennbar / herstellend die einzelne Welt. Wir feiern in der vorsichtigen Hand /

das einzelne Fest. // Einzelnes Fest. // Langsam. Was ist langsam? In den Bäumen verhält sich das Holz / langsam. Es macht sich aus einzeln und einzeln / einzeln höher. In den Baumreihen / ist lange gezögert worden. Wir spazieren mit viel Atemluft gerne / durch das lange Zögern. // Es ist um uns selten geworden. Das ist traurig. Wir haben große Fragen, werden sie nicht stellen. Wir / stellen nicht, wir gehen. Uns stellen als zuversichtlichen Wald / unten eine große Anzahl von Schritten her. Darf gesagt werden: Einzelner Schritt? / Noch heißt alles Holz. Wir nehmen einzelne Feste zur Hand. // Holz.«

Was geschieht hier? Scheinbar fast nichts. Und doch ist eine zögernde Exploration im Gange, die sich nicht nur auf körperliche, sondern auch auf sprachliche Regungen bezieht. Wie verhält sich Subjekt zu Objekt, Hand zu Holz, das Wort zu dem, was es bezeichnet? Unser Blick wird in die Enge – und zugleich in die Weite – getrieben, von der Einzelheit zum Wald der eigenen Schritte. Waterhouse praktiziert eine naturzugewandte Ästhetik (ja Ethik) der Wahrnehmung, die sich in der Metapher vollendet: »Wir nehmen einzelne Feste zur Hand.«

Es ist faszinierend, den Denkbewegungen der poetischen Sprache zu folgen, die paradoxerweise in sich kreisen *und* über sich hinausweisen. Der poetische Mehrwert ist immer auch ein Erkenntnis-Mehrwert, wie folgendes verspielt-prägnante Gedicht »Über meinen Schlaf« von Oskar Pastior zeigt:

»Früher, wenn ich einschlief, kam der Schlaf. Heute, / wenn der Schlaf kommt, schlafe ich schon tief. Der

/ Schlaf kam damals später, jetzt schlafe ich früher // ein. Wenn ich tief schlafe, kommt es vor, daß der / Schlaf, wenn er dann kommt, mich noch einmal weckt, / bevor ich weiter tief schlafe. Früher war das so: // ich schlief, und der Schlaf kam. Bloß wenn ich auf- / wachte, war er wieder fort – ein unruhiger Gast. / Jetzt kommt und geht er etwas ruhiger, während ich // schlafe, und manchmal ist er plötzlich da, wenn ich / wach bin. Dann wache ich auf und sehe, daß er da / ist. Es geht mir der Schlaf durch den Kopf, auch // jetzt, ich kann nicht einschlafen, bevor er geht: / dann muß er wohl kommen. So ist es jetzt anders wie / früher. Er kommt und er geht; ich bin wach und ich // schlafe. Manches geht mir durch den Kopf, der im / Unterschied zu früher dem Schlaf immer unähnlicher / wird: auch er kommt und geht, auch er weckt mich // hin und wieder, während ich denkend ihn schlafen se- / he, bevor der Schlaf kommt, diese beunruhigende Ru- / he, die keinen Schlaf kennt, auch wenn ich wach bin.«

Schwer vorstellbar, daß einer die Tücken des Schlafs, der Schlaflosigkeit und sämtlicher Zwischenstadien zwischen Wachen und Nicht-Wachen treffender zum Ausdruck bringen könnte, als dies Oskar Pastior in poetischer Verkürzung getan hat. Das Gedicht oszilliert paradox und gewinnt Anschaulichkeit durch die Tatsache, daß der Schlaf zum Akteur wird, zu einer Figur wie das Ich und dessen (selbständig gewordener) Kopf. So entsteht eine komplizierte Interaktion, bei der die Rollen laufend vertauscht werden.

Leicht ist es nicht, dem Schlaf literarisch beizukommen. Einschlaf- und Wiegenlieder gibt es zuhauf, der Schlaf selber jedoch – Inbegriff von Passivität und »Abwesenheit« – scheint sich dem Interesse zu entziehen, im Unterschied zu den Träumen, die er produziert. Während die bildende Kunst es sich nie nehmen ließ, schlafende Menschen zu zeigen, in entspannter, ja lasziver Pose, mit selig-verträumtem Gesichtsausdruck, Stilleben der besonderen Art.

Wer schläft, ist ausgeklinkt aus dem *business as usual*; er ist bei sich, hat seinen Körper heruntergefahren auf den Ruhezustand. Das Hirn, anders wach, folgt seinen eigenen Szenarien, der Atem geht flach. Schlaf ruft nach der liegenden Position, in der die Glieder – vertrauensvoll gebettet – erschlaffen können. Wer loslassen will, muß Vertrauen haben. Und Zeit.

»Wir schlafen nicht«, sagen Kathrin Rögglas arbeitsgedopte Manager, deren Adrenalinspiegel auch ohne Amphetamine auf Höchststand ist. Hochputschen, heißt die Devise oder Durchhalteparole der Rundumschufter. An Erschöpfungszustände haben sie sich gewöhnt, an »ein paar Wahrnehmungsstörungen«, »psychische Dissonanzen« und »kognitive Dissoziationen«. Was nur zeigt, wie fortgeschritten ihre Hörigkeit gegenüber der eigenen Selbstausbeutung ist. Ihre Sucht.

Wer den Schlaf als Zeitvergeudung diskreditiert, ist dem Leistungs- und Geschwindigkeitsdiktat definitiv verfallen. Und wird auch sogenannte Erholung nur *in terms of efficiency* dulden, bei Leistungs- oder Risikosport, einmal mehr hyperaktiv.

Als wären nicht regelmäßige Ruhe, Entspannung,

Passivität die Voraussetzung für echte Produktivität, und das Sich-Fallenlassen in den Schlaf das heilsamste Mittel der Regeneration.

Die uralte Methode, Schäfchen zu zählen. Bis sich der Herzrhythmus verlangsamt, bis sich das Auge an die stille Dunkelheit gewöhnt hat, bis die Müdigkeit als weiche Welle über einem zusammenschwappt. Und erstmal genug ist. Für ein paar abgrundtiefe-himmelhohe Stunden.

Wenn nur die Angst nicht wäre, sagen andere. Vor der Leere. Vor dem Schlaf als Todes Bruder. Oder vor der Einsamkeit schlafloser Nächte. Der Horror vacui hat Konjunktur. Und Konjunktur hat alles, was ihm (vermeintlich) den Garaus macht: der Lärm, der besinnungslose Aktivismus, der Dauerstress. Die globalisierte Leistungsgesellschaft ist eine Horrorvacui-Gesellschaft. Pausen sind verpönt; Stillstand, mit »Nullwachstum« und Scheitern gleichgesetzt, löst Panikgefühle aus. Desgleichen die Stille, die – wie die Stockung – zum Störfall gerät. Ja doch. Mag man sie noch so beredt herbeiwünschen, wer hielte sie wirklich aus? Allgegenwärtig das Grundrauschen hektischer Betriebsamkeit. Zwar gelten Verkehrslärm, Fluglärm, Baulärm, Zwangsbeschallung in öffentlichen Räumen usw. seit längerem als »Umweltproblem Nr. 1«, dem das unverschließbare Ohr mit Desensibilisierung und »akustischen Schwielen« (Ludger Lütkehaus) begegnet. Aber auch wo sich Möglichkeiten der Stille böten, zum Beispiel im privaten Kämmerlein, tönt es aus Radio und Fernseher. Die Stille hat es schwer.

Wie still ist Stille? Wird sie vom Sägen einer Zikade

(zu glutheißer, südlicher Mittagsstunde) nicht untermalt und verstärkt? Und fängt sie nicht selber zu reden an, gönnt man ihr nur Raum und Zeit? Im Grunde könnte alles einfacher sein, finge man bei sich selbst an, ohne Angst. »Sind diese Nachtlampen fern, klein, heiß, beständig, in den Nachtkarten verzeichnet? Dunkel liegt der Himmel auf den Wegen. […] Jetzt bin ich still.« (Peter Waterhouse, *Kieselsteinplan*)

AUSZEIT (ALTER)

Sich eine Zeit herausnehmen, heraustreten aus verordneten Abläufen, »aus haben«. Und dann? Die Chance wahrnehmen, den eigenen Rhythmen und Bedürfnissen zu folgen. Der Bauer kennt das Splitting kaum, der Künstler leugnet es, ebenso wie die Unterscheidung zwischen Beruf und Hobby. Arbeit und Freizeit werden im Konzept der »Lebenskunst« untrennbar. Diese trägt freilich alle Risiken eines totalen Commitments, das (kreative) Scheitern inbegriffen.

Was unterscheidet den Künstler-Freak von einem Workaholic der New Economy? Seine Selbstbestimmung, seine »Treue zu sich selbst«, sein schöpferischer Furor, der nicht auf Erfolgsparameter Rücksicht zu nehmen braucht (obwohl der Zeitgeist auch hier seine Opfer fordert)? Man möchte glauben, daß der Satz: »da arbeite er lieber seine 16 Stunden durch, so einfach abschalten, das ginge eben nicht« aus dem Munde eines Kunstschaffenden anders klingt als aus dem eines Senior Associate. Die Gleichung Arbeit = Leben stimmt streng genommen nur für den Künstler, der auch wenig Ahnung hat, was Langeweile ist oder Angst vor Leere. Während das von Kathrin Röggla rapportierte Geständnis eines Senior Associate nur desolat wirkt:

»er habe ja pause gemacht, er habe sich ja durchaus schon mal eine auszeit genommen, er habe sich gedacht: warum nicht? eine weile mal nichts tun, könne er sich vorstellen. mal ein kind aufziehen, mal ein buch schreiben oder etwas anderes für sich zu tun? warum auch nicht, habe er gedacht, und was habe er gemacht? gar nichts habe er gemacht, d.h. er habe probleme bekommen – ›ist doch logisch‹. menschen, die gewohnt seien, 14 stunden am tag auf druck zu arbeiten, die könnten das nicht einfach abstellen, die setzten das fort, die würden sich immer situationen suchen, in denen sich dieser stress von alleine wieder einstelle.« Und last but not least: »diese auszeit habe ihn beinahe umgebracht.«

Auszeit, soll das wirklich eine Kunst sein? Der Alltag selbst müßte Auszeiten kennen: eine genußvolle Lektürestunde, einen Spaziergang, entspanntes Kochen, meditatives Bügeln, ruhiges Gärtnern, Momente der Besinnung, in denen die Gedanken schweifen dürfen und kein Zwang (auch nicht in Gestalt eines Telefons) Zugriff auf das Ich hat. Auszeit als Regularität und Regulator. Der eigene Atem als Kontrahent des Zeitdiktats. Wozu mir die Bemerkung des Stoikers Mark Aurel einfällt, es stünde dem Menschen zu jeder beliebigen Stunde frei, sich in sich selbst zurückzuziehen, gebe es doch »keine geräuschlosere und ungestörtere Zufluchtsstätte als die eigene Seele« (*Selbstbetrachtungen*). Immer vorausgesetzt, diese Seele ist nicht, wie alles übrige auch, schwer angeschlagen.

Bleiben wir also beim bescheideneren Ansatz des eigenen Atems. Mag sein, daß schon der bloße Entschluß, der Leistungshektik den eigenen Rhythmus, das individuelle »aparte Zeitmaß« (Sten Nadolny) entgegenzusetzen, heutzutage Mut erfordert. Denselben Mut, der zum Ausscheren und Anderssein gehört. Wobei ich unter letzterem das Selbersein verstehe. Schluß mit den (massenmedial verbreiteten) Vorgaben, wie der ideale Körper, die ideale Karriere, der ideale Lifestyle, die ideale Freizeit auszusehen hätten. Schluß mit der Trendhörigkeit, dem Diktat der sich jagenden Moden, der Aktualitätssucht. Warum nicht anti- und azyklisch leben, oder um jenen Grad verschoben, den nicht blanker Widerspruchsgeist, sondern das eigene Räsonnement verlangt? Zwischen Herdentrieb und Anarchie liegt der »eigene Weg«, der sich in einem Klima der Überreizung zwangfreie Zonen erhalten kann und muß. Das ist kein elitäres, eskapistisches Programm, sondern ein schlicht überlebensnotwendiges im Zeitalter der Tempokratie.

Übungen in diskreter Widerborstigkeit: Ziellos flanieren ohne Konsumabsichten, aber mit wachen Sinnen. Augenöffnend die Sprache der Fassaden, der Gang der Passanten, das Spiel des Lichts auf Glas, Metall und Wasser. Gras wächst aus dem Großstadtpflaster, Hunde balgen sich wie Kinder, Plakate buchstabieren die Welt kreuz und quer. Stehen bleiben, schauen. Streunend durch die Platanenallee oder den dreieckigen Park. Den Kies unter den Sohlen knirschen hören. Blonden Sand. Und mit Mango-Lutscheis auf der Zunge eine Runde um die Weiher gedreht, die düster glänzen. Keine Schwäne in Sicht, nur ein paar Stockenten und der Abend, der sich im Schilf bricht. Schreie. Noch schneit es nicht, noch ist die Luft würzig, Skateboarder rasen vorbei. Auf der Bank sitzt ein Sikh, betrachtet seine Schuhspitze.

Jedes Individuum sei in der Lage, in sich selbst eine Art *kalte Revolution* zu verursachen, schreibt Michel Houellebecq, indem es einen Augenblick die Flut informativer Werbung an sich vorbeiziehen läßt. »Es reicht aus, einen Schritt zur Seite zu treten. [...] Es reicht aus, eine Ruhepause einzulegen, das Radio auszustellen, den Fernseher auszumachen; nichts mehr zu kaufen, nichts mehr kaufen zu wollen. Es reicht aus, nicht mehr mitzumachen [...]. Es reicht im wahrsten Sinne des Wortes aus, für einige Sekunden reglos zu werden.«
Solche ästhetische Haltung gegenüber der Welt wäre eine ethische gegenüber sich selbst, sofern die Verweigerung Hand in Hand mit einer anderen Aufmerksamkeit geht. Merkwürdig, daß in der westlichen Gesellschaft die am schnellsten wachsende Altersgruppe sich dieser Ästhetik (weitgehend) verschließt. Das Alter, als solches zu Langsamkeit, Vertiefung, Konzentration und Auszeit disponiert, wird durch die heutige »Altersphilosophie« entmündigt, die ihm Jungsein, Fitness und unentwegten Aktivismus verordnet. Tempo, Expansion und Gier dominieren über Gelassenheit und Weisheit. Wir leben, so Altersforscher Paul Baltes, in einem »Zeitalter des chronisch unfertigen Menschen«. In der Tat: Während Jung und Alt sich einst glücklich ergänzten, stoßen heute junge und alte Unreife aufeinander, geraten in fatale Konkurrenz. Und zwielichtig die Aussichten: der gestylte

(genmanipulierte) Körper als Ware, deren Innenleben mit designt wird.

Zeit, den natürlichen Verfall in sein Recht zu setzen, die Müdigkeit und Unvollkommenheit. Zeit, sich im gealterten Körper um die schöne Seele zu kümmern, ihre Erfahrung und Einmaligkeit. Wenn die Gentechnologie ein besseres und längeres Leben in Aussicht stellt, bleibt die Grundverantwortung doch beim Einzelnen: das eine und einzige Leben auf einzigartige Weise zu gestalten. Do it your way.

György Konrád notiert in einer weisen Meditation über das Alter (»Du kannst flanieren«): »Was ist am besten? Langsamer werden bis zur Kontemplation.« Und Bora Ćosić meint in seiner Altersprosa *Die Zollerklärung*: »Ich denke an die Langsamkeit, die ich erst jetzt erwerbe und die mir mein Leben lang so sehr gefehlt hat. […] Vielleicht hätte ich mein Leben im Bett verbringen sollen wie Oblomow, fast unbeweglich auf dem Stuhl sitzend wie Malte oder unter einem Baum hockend wie Estragon. In dieser Stellung, die der Situation des Menschen eher entspricht, hätte ich meine Zeit zubringen sollen, und nicht anders. Dann wäre ich mit mehr Verstand und mehr Langsamkeit mit meinen Sachen umgegangen, hätte ich manch eine Handbewegung von mir wahrnehmen können, wie sie nur im Anatomieatlas dargestellt wird oder nur auf einem Bild in einem Film, den man in verlangsamtem Tempo laufen läßt. Ohne durch die Zeit zu fuchteln, nur um so schnell wie möglich etwas Flüssigkeit hinunterzugießen und die Feuchtigkeit von der Stirn zu wischen. Als hätte man das nicht auch langsam machen können, das Waschen wie auch das Frühstücken und vor allem das Gehen, das oft in Trab ausartete.«

MUSSE (MÄRCHEN)

Ray Bradburys Science-Fiction-Roman *Fahrenheit 451* ist, was die Muße betrifft, von der Wirklichkeit längst eingeholt worden. In Bradbury-Land gilt sie als obsolet, weil sie den Leuten die Gelegenheit gibt, nachzudenken. Abgeschafft sind folglich die gemütlichen Veranden mit den Schaukelstühlen, wo die Leute einfach dasaßen und nichts taten. Heute geht die Kontrolle nicht von einem totalitären Zentrum aus, sondern vom medialisierten (globalisierten) Turbokapitalismus, der keinem eine Rast gönnt, vielmehr Mobilmachung an der ganzen Front betreibt. Muße gilt schon als Müßiggang, mithin als Mißerfolg. Wer nicht permanent mittut, ist ein Versager.
Und doch sollte man es besser wissen. Denn eine gewisse Anzahl von mußevollen Müßiggängern, so Miguel de Unamuno, sei »notwendig zur Entwicklung einer höheren Kultur«. Oder anders: »Der Müßiggänger ist einer der aktivsten Menschen.« Zu seinen Aktivitäten gehören Nachdenken, Träumen, Sinnieren, Erinnern, all das, woraus – nicht nur beim Schriftsteller – die wichtigsten Handlungsimpulse entspringen. Das Paradox liegt darin, daß aus dem vermeintlichen Nichtstun Tun wird, aus dem Slow-down Anregung (Bewegung) hervorgeht. Vielleicht reimen sich im Lateinischen »otium« (Muße) und »negotium« (Geschäft) nicht ganz zufällig. Und kein Wunder, daß einem Suk-Händler in Marrakesch (in lupenreinem Französisch)

nachrufen: »Menschen in Eile sind schon tot« (Les gens pressés sont déjà morts).
Muße also, diese heimlich tätige. Tätig wie die Langeweile (lange Weile), die in unserer Kurzweil- und Erlebnisplanungsgesellschaft ständig verscheucht wird, als läge in ihr nicht eine wichtige Ressource. »Man muß seine Langeweile in seinem eigenen Ich spazieren führen«, so Wilhelm Genazino in seiner Büchnerpreis-Rede, »damit sie mit den Ideen über sich selbst vertraut wird. Nur dieser selbstvergessene Müßiggang hat die Qualität, die Schöpfung momentweise zu enträtseln und sie über sich selbst zu beruhigen.« Das Veto richtet sich gegen alle Eventdenker: »Laßt die Finger weg von unserer Langeweile! Sie ist unser letztes Fenster, aus dem wir noch ungestört, weil unkontrolliert in die Welt schauen dürfen!«
Als heimlich tätige sind sie verschwistert und vehement zu verteidigen: die Muße, die Langeweile – und die Müdigkeit. Was letztere betrifft, hat Peter Handke in seinem *Versuch über die Müdigkeit* sensibel nachgezeichnet, wie der quasi-somnambule Zustand großer Übermüdung eine seltene Empfänglichkeit, ein luzides »Zugänglichwerden« bewirkt. Übernächtigung nach einem langen Flug aus Alaska, dann der Entschluß, in New York nicht gleich ins Hotel zu gehen, sondern sich im Central Park auf eine Bank zu setzen und die Passanten zu betrachten. »Dem dergestalt Schauenden wurde von der Müdigkeit seinerseits das Ich-Selbst, das ewig Unruhe stiftende, wie durch ein Wunder von ihm weggenommen: alle sonstigen Verzerrungen, Angewohnheiten, Ticks und Sorgenfal-

ten von ihm abgefallen, nichts mehr als die gelösten Augen, endlich auch so unergründlich wie die Robert Mitchums. Und dann: das selbstlose Schauen wurde tätig weit über die schönen Passantinnen hinaus, bezog ein in sein Zentrum der Welt alles, was lebte und sich regte. Die Müdigkeit gliederte – ein Gliedern, das nicht zerstückelte, sondern kenntlich machte – das übliche Gewirr durch sie rhythmisiert zur Wohltat der Form – Form, soweit das Auge reichte – großer Horizont der Müdigkeit.«
Dem müßigen Müden eignen Züge einer fast mystischen Klarsicht und eines gelösten Allgefühls. Ohne »auffällige wichtigtuerische Atemübungen oder Yoga-Haltungen« erreicht er einen Zustand der Meditation: »Du sitzt und atmest im Licht der Müdigkeit jetzt beiläufig richtig.« In eben diesem Licht fügen sich die »tausend unzusammenhängenden Abläufe« zu einer »wunderbar feingliedrigen, leichtgefügten Erzählung«.

Die allmählich überschwappende Müdigkeit beim Betrachten des Meers. Beim Lauschen auf die Brandungsgeräusche. Die Wellen lecken den Strand, klatschen an den Fels, einschläfernd. Ich sitze mit meiner Mutter am Barcolaner Ufer; rechts die helle Silhouette von Schloß Miramar, links die Bucht von Triest, vor mir Wasser, so weit das Auge reicht. Am Horizont Segelboote, die sich langsam verschieben. Und alles eingetaucht in ein gleißendes Licht. »M'illumino d'immenso«, heißt es großartig schlicht bei Giuseppe Ungaretti. Das Kind, das ich damals war, wußte noch nichts von solchen Versen. Um so mehr von Märchen, deren schöne Refrains sich für immer mit der Meeresbrandung verbanden. Hähnchen und Hühnchen gingen auf Wanderschaft. Sie gingen und gingen und fanden endlich eine Birne. Die Birne aber war so groß, daß sie dem Hühnchen im Hals stecken blieb. Da sagte das Hühnchen: Schnell, Hähnchen, hol mir Wasser, sonst erstick ich. Da rannte das Hähnchen zum Brunnen. Lieber Brunnen, gib mir Wasser, ich bringe das Wasser dem Hühnchen, sonst erstickt es an der Birne. Ich geb dir kein Wasser, sagte der Brunnen, bis du mir den Kranz des schönen Mädchens bringst. Da lief das Hähnchen zum schönen Mädchen. Schönes Mädchen, gib mir einen Kranz. Den bekommst du nicht, sagte das schöne Mädchen, bis du mir Milch von der Kuh bringst. Da lief das Hähnchen zur Kuh. Kuh, gib mir Milch, die Milch bring ich dem schönen Mädchen, das schöne Mädchen flicht mir einen Kranz, den Kranz bring ich dem Brunnen, der Brunnen gibt mir Wasser, das Wasser bring ich dem Hühnchen, sonst erstickt es an der Birne ... Die Hindernisse wuchsen und wuchsen, um sich wundersam aufzulösen, gerade zur rechten Zeit. Und über diesem Glück schlief ich regelmäßig ein. Um von Rumpelstilzchen, dem Froschkönig oder einem morgenländischen Kalifen ins Hier und Jetzt zurückgeholt zu werden. Mutter las, das Meer schlug an die Klippen, weiße Schiffe schoben sich ins Bild, und mit sinkender Sonne kam etwas Wind auf. Eben hatte sich die jüngste, von ihren älteren Geschwistern getötete Königstochter in ein Ahornbäumchen verwandelt. Hinter uns promenierten (patrouillierten) amerikanische Soldaten – wir lebten in Triests Zone A –, ich mußte mit vielen Eindrücken fertig werden. Aber die wandelbare Unwandelbarkeit des Meers, grundiert von Mutters Stimme, gab mir ein Gefühl von Weite und Sicherheit. Meer – Märchen – Musik. Und die melancholische Muße träger Siesta-Stunden. Wenn die Welt hinter den heruntergelassenen Jalousien verebbte und meine Phantasie aus Lichthasen ihre eigene schuf. Ich war auf besondere Weise Aug und Ohr, reglos-still, aber auf kleinste Zeichen erpicht. Schwarz-weißer Rhythmus der Fliesen, irgendwo gedämpfte Schritte, und flüssige Helligkeit in den Jalousienritzen. Das reichte für manche Kopfreise. In der behüteten Camera obscura habe ich zu dichten begonnen.

Das *savoir-vivre* besteht nicht zuletzt darin, nach eigenem Maß und Tempo zu leben, sich der Unmittelbarkeit (des Gesehenen, Erlebten) nicht zu verschließen, auf die eigene sinnliche Anschauung zu vertrauen. Was die Medienflut ständig zu verhindern sucht. Diese aufbereitete (zugerichtete) »sekundäre« Wirklichkeit torpediert die Verfertigung eigenständiger Gedanken und echter Gefühle, zumal sie der Werbung unterworfen ist. Ein Großteil der Fernsehsendungen gleicht einem Hickhack von Werbespots und Palaver, und wer sich von Kindesbeinen an durch solche Sendungen zappt, wird Mühe haben, in einfachen, ruhigen Tätigkeiten Befriedigung zu finden oder schlicht seine innere Nervosität abzulegen. So wie ein nach Videospielen Süchtiger seine Aggressivität kaum durch das Bauen von Sandburgen oder Modellflugzeugen loswerden dürfte.

Denis Grozdanovitch plädiert in seiner *Kleinen Abhandlung über die Gelassenheit* unzeitgemäß-zeitgerecht für Flanieren und Schachspielen, für das Herumsitzen in Cafés und für Drachen Steigenlassen, für epikuräisches Dilettieren und dilettantisches Epikuräertum, für begeisterte Verträumtheit jenseits der Leistungsdiktate der sogenannten Freizeitgesellschaft. Daß sein 2002 in Paris erschienener Essay von *L'Express* zum »schönsten Buch des Jahres« erkoren wurde und rasch mehrere Auflagen erreichte, ist tröstlich.

»Die Gelassenheit«, so Wilhelm Schmid in seiner *Einführung in die Lebenskunst*, »kann Dinge wieder auf sich beruhen lassen, statt in sie einzugreifen; im Gegenzug offeriert sie eine Freiheit, die aus dem reduzierten Tempo des Lebens und dem verminderten Zeitdruck resultiert, und dem Subjekt erlaubt, wieder zur Besinnung zu kommen. *Dem Anderen Raum zu lassen*, dem Anderen in jedem Sinne, ist der Beitrag der Gelassenheit zur Raumzeitkultur einer anderen Moderne.« Und Schmid betont, daß sich dieses Grundelement einer ökologischen Lebenskunst nicht in einer naiven Gegenposition zur technischen Welt erschöpfe, vielmehr »erwächst diese neue Gelassenheit aus der Erfahrung des Umgangs mit der Technik selbst«: als eine »neue Technik des Lebens«.

Richtig ist: Arbeit und Muße, Leistungshysterie und Gelassenheit bedingen sich gegenseitig, und polemischer Trotz oder biedermeierliche Rückzugsphan-

tasien kommen dem kollektiven Turbo-Klima nicht bei. Widerspruch aber kann nicht schaden, um den Überspanntheiten einer überreizten Gesellschaft zu begegnen. Schon Paul Lafargue lancierte 1883, mitten in die überheizte Atmosphäre rapider Industrialisierung und städtischer Betriebsamkeit, seinen Traktat *Le droit à la paresse*, in dem er zu einer großen Rehabilitierung der Faulheit ausholte. Interessanterweise griff Kasimir Malewitsch, Begründer des russischen Suprematismus, in seiner provokativen Schrift »Die Faulheit als eigentliche Wahrheit der Menschheit« (1921) auf Lafargue zurück, um seine Kritik am leninistischen Kult der Arbeit, an der Verherrlichung des Utilitarismus und an der Ethik des Aktivismus zu untermauern. Die Faulheit sei nicht »die Mutter allen Lasters«, sondern – umgekehrt – »die Mutter des Lebens«, meinte Malewitsch, der mit seiner suprematistischen Idee von der Ungegenständlichkeit auch die totale Nutz-Losigkeit befürwortete. Im Zustand der Faulheit (oder der Erholung) verberge sich Schöpfertum und die vollkommene Ruhe des Schöpfergottes. Was an die stoische *Ataraxie* oder »Seelenruhe« anklingt.
Zum Gott der Moderne aber wurde die Geschwindigkeit, gemeinsam mit Technik und Effizienz. Noch einmal Ray Bradbury, in *Fahrenheit 451*:
»Arbeite mit dem Zeitraffer, Montag, rasch. *Quick? Nimm, lies, hör zu! Kick, Tempo, Match, Tip, Du, Sie, Er, Wir, Alle, Eh? Ich? Ruck, zuck, Bim, Bam, Bumm?* Zusammenfassungen von Zusammenfassungen. Politik? Eine Spalte, zwei Sätze, eine Schlagzeile! Und

dann, mittendrin, ist plötzlich nichts mehr da. Wirble den Geist dem Menschen herum im Betrieb der Verleger, Zwischenhändler, Ansager, daß das Teufelsrad alles überflüssige, zeitvergeudende Denken wegschleudert!«

Gut vorausgesagt, denn eben diese Hektik hat uns längst eingeholt. Fragt sich nur, wo die unter dem diktatorischen Regime der »Dromokratie« (Paul Virilio) gesparte Zeit bleibt. Sie vergeht in Warteschlangen vor Schaltern, beim Betrachten redundanter Werbung, in Verkehrsstaus. Der Furor rücksichtsloser Rationalisierung hat Retardierungen zur Folge, die Zeitökonomie erzeugt Zeitknappheit. (Mit Elias Canettis Worten: »Es wurde alles rascher, damit mehr Zeit ist. Es ist immer weniger Zeit.«) Auch läßt das Zeit-Counting »rund um die Uhr« keinen Moment der Selbstvergessenheit zu. Womit wir wieder beim Plädoyer für die Muße wären. Komm, Märchen. Mehre dich, Meer. Verschlinge die Parade der Sekunden.

ERLEBNIS (ENTSCHLEUNIGUNG)

Je mehr sich die Wirklichkeit virtualisiert, desto größer der Erlebnishunger. Eventjagd heißt das Gegenwartssyndrom, das solchen Hunger zu stillen versucht. Wilde Feste, schrille Konzerte, schräge *parades*, kitzlige Sportunternehmungen, exzessive Parties, ausgefallene Kunsthappenings, aufwendige Wellness-Kuren, inszenierte Kulinarik, Spektakel über Spektakel. Eventproduktion ist zum Business geworden, nur macht sie süchtig, statt satt. Weil sich kein echtes Erleben einstellt und die Gefühle (meist) auf der Strecke bleiben. Der Eventkonsument braucht laufend höhere Dosen, um »fun« zu verspüren. Vor allem generiert er Erleben nicht aus sich selbst. Er holt sich den Kick von außen, am liebsten so, daß es ihm den Atem verschlägt. Und eilt schon zum nächsten »Ereignis«. Pausen sind unerwünscht.
Die Jagd ist anstrengend und ziemlich besinnungslos, weil um jeden Preis Leere vermieden werden soll. Und doch steckt gerade sie im Zentrum der Eventerei: möbliert, ausstaffiert, kaschiert. Der König hat keine Kleider an.
Rauschhaftes Außersichsein mag durch seine Intensität verführerisch wirken, Erleben oder gar Erfahrung garantiert es nicht. Dazu gehört Selbstbeteiligung, Verarbeitung, Totalität. Berührtwerden und Berühren, Auf-sich-einwirken-lassen und Einwirken, gleichermaßen. Was zum Eindruck oder Erlebnis werden

will, setzt innere Erwiderung voraus. Bereitschaft, die antwortet – und eine jähe Einheit (Einfühlung) hervorbringt.

Das Event – zwischen schnellem Vergnügen und Risiko – hat anderes im Sinn. Es kitzelt die Nerven, ohne zum Zentrum vorzudringen. Seine Wirkung ist schockhaft und dabei paradoxerweise berechenbar. Zur Erschütterung taugt es nicht. Das besorgen andere Ereignisse. Gerade solche, die es nicht schal auf Effekt abgesehen haben. Zufallsereignisse.

»Eine Mongoloide, oder Heilige, mit einem Rucksack, rannte, in Verzückung oder Angst, über den Zebrastreifen. Und in der Bar einer anderen Vorstadtstation stand am Abend des Tages ein einzelner Gast, während der Patron die Gläser trocknete, die Lokalkatze zwischen den Tischen mit einer Billardkugel spielte, auf der staubigen Scheibe die Zackenschatten der übriggebliebenen Platanenblätter tanzten ...« (Peter Handke, *Versuch über den geglückten Tag*). Nichts Aufsehenerregendes, aber plötzlich fühle ich mich berührt. Als erlangten die Einzelheiten in mir (durch mich) Kohärenz und Strahlkraft. Als fügten sie sich zu einem rhythmischen Reigen.

In meiner Erzählung »Rundfahrt« wird die Magie eines Moments beschrieben, in dem das Ich seine eigene Kohärenz aufzubrechen scheint zugunsten einer erweiterten Erfahrung :

»Der Wind strich durch die Halme, das Söhnchen des Bergwinds. Er kam und ging in Wellen, und wenn er wegblieb, stockte die Hitze und die Luft wurde glasig und ein Bann entstand, als träte aus der Kulisse des

Walds ein Pan am hellichten Tag. Ich saß im Weidebezirk wie in meinen vier Wänden und träumte vor mich hin ... Das Gras war kühl. Das Gras verlangte keine Rücksicht. Ich versuchte zu schreien. Ein kleines Echo kam aus dem Wald und verstummte. Schafe waren nicht in Sicht, nur ein Schmetterling zitterte auf einem Halm, als hätte ihn meine Angst gestreift. Ich war mit meinem Namen allein. Da fing ich zu lachen an. Kritisch oder nicht: die Vernunft war längst aus der Fassung. Ich feierte Abschied im Gras. Von diesem Namen, dem meinen. Von der Vorstellung, die ich mit mir verband: so bist du und anders kannst du nicht sein. Von der Routine, dieses ›Ich‹ gegen jeden Eingriff und Angriff zu verteidigen. Ein Hase huschte durchs Gebüsch. Hallo Hase vom roten Strauch mit den Bitterbeeren: Petrarcas Hirschkuh gesehen? Das Leben verebbte und in meinem splittrigen Bewußtsein formte sich der Gedanke der Unbestimmtheit wie eine Rache. Ich täusche jede Erwartung. Ich nehme jeden Standpunkt ein. Ich vermeide jede Eindeutigkeit. Aber der Hirte kam nicht und kein Schaf. Ich trat Laufpfade ins Gras. Ich berührte den schwarzen Holunder und griff in den Insektenschwarm. Die Zeit stand still wie in meiner Kindheit, wenn der Schuppen zum Hexenhaus wurde, der Park zum Urwald. ›Subjekt und Zeit und Ort gewechselt‹, das grüne Lager von Rand zu Rand ein Raum, durch den die Erinnerung Schneisen schneidet, und die Schnitte gehen durch den Kopf, und der Kopf sinkt ins Gras und begreift die Farbe des Moments und gibt im Schlaf alle Grenzen auf. Als ich erwachte, war ich älter. Ich sah ein Schaf auf der Weide, das ruhig an einem Grasbüschel kaute. Der Wind hatte sich gelegt. Hoch über mir stand eine Zirruswolke. ›Stätte des Vergessens‹, wo die tollgewordenen Ängste abfallen und das Äquilibrium eintritt.«

Es gibt das momentane, ekstatische Erleben und das prozeßhafte, in einem Kontinuum anderer, vergangener Erfahrungen verortete. Zu letzterem gehört die Lektüre, in der sich Augenblick und Gedächtnis kurzschließen. Im kulturellen Echoraum konfiguriert sich Erleben gleichsam mehrdimensional und »vielzeitig«, während der Apostroph der Event-Highlights auf ein gesteigertes Jetzt zielt. (Quick satisfaction.)

Erleben, das geplant wird, verdient den Namen nicht. Erlebnisse stellen sich unvermutet ein, jäh oder langsam, als Einsicht oder Melodie. Auf der Zielgeraden sind sie nicht zu haben, mögen Erfolgsdenken und Entertainmentindustrie noch so sehr zusammenspannen. Weil das Kalkül künstlich ist.

Just relax. Just let it be. Erfolg und Effizienz sind keine Gradmesser für den Erlebnishaushalt. Schon eher das Scheitern. »Denn jeder Fehlschlag, der uns vorübergehend aus dem Tritt bringt, stößt uns in ein inneres Warten hinein, in dem wir nicht nur erschrecken, sondern auch – zu denken anfangen. Wer scheitert, schaut zurück, und wer zurückschaut, sinnt nach. Im Scheitern wird das Biographische selber reflexiv; allmählich bildet sich eine zusammenhängende Lebenserzählung, eine Innenwelt-Perspektive, eine nicht mehr abbrechende Sinn-Erwägung, kurz: es

bildet sich Identität. Durch das momentweise (oder längere) Ausbleiben des Erfolgs, der Zuversicht oder der Kraft treten wir der herrschenden Glückssucht entgegen. Und machen darauf aufmerksam, daß es auch eine Würde des Fehlschlags gibt. In der Auseinandersetzung mit unseren Mißerfolgen phantasieren wir uns in ein anderes Ich hinein und wissen plötzlich ganz genau: Ein weiterer Autounfall darf mir nicht zustoßen; zum dritten Mal darf ich nicht die falsche Frau heiraten; noch mehr Geld sollte ich bei meinen Aktienspekulationen auf keinen Fall verlieren« (Wilhelm Genazino).
Tzvetan Todorov geht gar so weit, im Scheitern die einzige »unmittelbare Erfahrung des Unendlichen und Absoluten« zu sehen, welche die moderne Gesellschaft ihren Subjekten gewährt.

Die entschleunigende Wirkung des Fehlschlags, der Krankheit, der durchkreuzten Pläne. Ungewollt gerät man aus dem Tritt (und Trott), erlebt sich in einer Weise nackt, ausgesetzt und perplex, konfrontiert mit der ungeschminkten Existenz. Stößt man so auf den Grund (auch seiner selbst), kann es heilsam sein. Innehalten, ob erzwungen oder nicht, birgt den Keim der Erneuerung.
Und warum sollte ich mich nicht freiwillig zu Entschleunigungen entschließen? Die elektronische Korrespondenz in Ehren, aber heute setze ich mich hin, schreibe einen handschriftlichen Brief, bringe ihn zu Fuß zur Post, unterhalte mich mit der Postangestellten über die Sondermarke und überlasse ihn

gestempelt seinem weiteren Schicksal, während ich gemächlich nach Hause spaziere, durch Herbstlaub watend. Momente der Erinnerung: wie der Füller über das körnige Papier fährt, wie ich das Blatt falte und ins Gefaltete eine kleine Zeichnung schmuggle, wie beides im Couvert verschwindet und das Couvert in einem gelben Kasten.
Neulich trug ich Bellinis rot gewandete Madonna als Kartengruß auf die Triester Hauptpost, stand Schlange und beobachtete dabei die Menschen und die opulente kakanische Architektur des Gebäudes. Die hohe helle Halle verschluckte jeden Anflug von Nervosität. Auch das Warten entfaltete hier seine eigene Würde.
À propos Triest: der Verkehr tost durch die abschüssigen Straßen, als wäre die Stadt vom Tempoteufel geritten. Doch handkehrum die Zäsur: von halbeins bis vier Uhr nachmittags halten die Geschäfte Siesta, verfällt dieselbe Stadt in schläfrige Lethargie. Das Spekulieren auf höheren Umsatz verfängt nicht, Ritual ist Ritual. Und im Sommer tummelt sich, wer nur kann, am Felsstrand zwischen Barcola und Miramar, keine Viertelstunde vom Zentrum entfernt. Lesend, sich bräunend, Karten spielend, auf dem weißen Kalkstein oder im Schatten der Pineta. Ein betörend friedlicher Anblick. Hingelagert Jung und Alt, während die Zeit plätschert, lässig wie das Wasser. Keine Eile, keine ruckartigen Bewegungen. Langsam das Gleiten der Schiffe am Horizont, langsam der Gang der Sonne, die über Miramar zur roten Kugel wird. Irgendwann dann die Strandtasche gepackt und retour in die Stadt, braungebrannt, heiter.

Der Süden begünstigt den Tempowechsel, weil die Hitze ihre eigenen Gesetze hat. Beschleunigung, Verlangsamung, je nach Jahres- und Tageszeit. Die individuellen Bedürfnisse (Gewohnheiten) addieren sich zu den klimatisch bedingten, allgemein angenommenen. Vielleicht sollten wir auf den Süden hören, der dem Körper mehr Rechte zugesteht und die Leistungsmanie nicht bis zum blinden Exzeß treibt. Noch sind wir keine Zombies, keine Maschinen. Glücklicherweise. Denn sonst stünde es auch schlecht um unsere Würde und das Prinzip Hoffnung. Beide Werte (so László Földényi) sind heute gefährdet und bedürfen, um zu überleben, der Langsamkeit. Die damit nicht nur ihre alltagspraktische, sondern auch ihre existenzielle, ja metaphysische Funktion offenbart.

Reise (Ruhe)

Mit dem Beginn des Eisenbahnverkehrs setzte die rasante Beschleunigung der Fortbewegungsmittel ein. Goethe, ein Seismograph in Sachen Umbruch, konstatierte schon am 6. Juni 1825 gegenüber dem in Berlin lebenden Komponisten Zelter: »Alles aber, mein Teuerster, ist jetzt *ultra*, alles transzendiert unaufhaltsam, im Denken wie im Tun. Niemand kennt sich mehr, niemand begreift das Element, worin er schwebt und wirkt, niemand den Stoff, den er bearbeitet. [...] Junge Leute werden viel zu früh aufgeregt und dann im Zeitstrudel fortgerissen; Reichtum und Schnelligkeit ist, was die Welt bewundert und wornach jeder strebt; Eisenbahnen, Schnellposten, Dampfschiffe und alle möglichen Fazilitäten [Erleichterungen] der Kommunikation sind es, worauf die gebildete Welt ausgeht, sich zu überbieten, zu überbilden und dadurch in der Mittelmäßigkeit zu verharren.«

Goethes kritische »Gesamtdiagnose« mutet auffallend modern an, bis hin zur Schlußpointe: was sich als Fortschritt ausgebe, sei in Wirklichkeit ein Verharren in Mittelmäßigkeit. Über die Banalisierung der Geschwindigkeit äußerte Robert Musil rund hundert Jahre später, 1927, nicht ohne Ironie: »In der Stadt ist die einzige Geschwindigkeit, die man eigentlich noch spürt, die des zu erreichenden Anschlusses, die Hast des Umsteigens und die Unsicherheit des rechtzeitigen Weiterkommens. Ohne den Segen der Neurasthenie würde man auch die schon verloren haben, denn schlimmstenfalls opfert der Eilige, statt daß er keucht und Dampf schwitzt, Mark Eins fünfzig für ein Auto, das alles dies sofort für ihn besorgt. Und je höher man im Reich der Kräfte hinaufsteigt, desto ruhiger geht es zu.«

Musil konnte noch nicht ahnen, wie ruhig es in Passagierjets mit einem Tempo von 900 Stundenkilometern zugeht, wo Beschleunigung als Stillstand erfahren wird und die Flugpassage (vor allem während interkontinentaler Langstreckenflüge) sich mithilfe von Inflight Entertainment in eine Nicht-Reise verwandelt. Eines allerdings war ihm klar und erschien ihm fatal: »daß das moderne Leben voll von neuen Geschwindigkeiten ist, für die wir keine Ausdrücke haben.« Das sei »eine verteufelte Lage für ein Zeitalter, das keine Zeit hat und sich bestimmt glaubt, der Welt eine neue Geschwindigkeit zu geben; die Schnelligkeitsäpfel hängen ihm in den Mund, und es gelingt ihm nicht, den Mund zu öffnen.« Und im selben Aufsatz, »Geschwindigkeit ist eine Hexerei«, demonstriert er mit Witz, wie unsinnig gewisse Redewendungen sind, die Tempo auszudrücken versuchen: »Da ist zum Beispiel das Wort ›Hals über Kopf‹ [...]. Wie viele Menschen bedienen sich in der Eile dieses Wortes, ohne zu ahnen, welche Schwierigkeiten es der Eile bereitet. Denn Hals über Kopf irgendwohin stürzen, heißt eine so wilde Beschleunigung entwickeln, daß sich der Körper über den Hals, der Hals über den Kopf zu schieben scheint; die Eile faßt beim

Hosenboden an, das Gesetz der Trägheit drückt beim Kopf zurück, und der Mensch wird aus dem Menschen gerissen, wie der Hase aus dem Balg.«

Die Sprache schafft es nicht, mit den neuen Geschwindigkeiten mitzuhalten, hält vielmehr konservativ an ihren Möglichkeiten fest: »Schneller als der Gedanke oder der Blitz und langsamer als eine Schnecke ist in der Sprache nichts geworden.« Da muß man Musil zweifellos Recht geben. Doch hat sich die Sprache – ebenso wie die bildende Kunst – auf ihre Weise bemüht, die Wahrnehmung von Geschwindigkeit festzuhalten. In der bildenden Kunst lief das Experiment vor allem darauf hinaus, Bewegungsabläufe zu zerlegen (wie auf den Phasen-Fotografien des Engländers Eadward Muybridge) oder, zu unterschiedlichen Ansichten verdichtet, auf einem einzigen Tableau simultan zusammenzubringen (wie auf Umberto Boccionis Bild »Dynamismus des Radfahrers« von 1913 oder Giacomo Ballas »Schnelligkeit eines Automobils« aus demselben Jahr). Vergleichzeitigung des ungleichzeitig Gesehenen, lautete das Prinzip, das Kubisten und italienische Futuristen gleichermaßen beschäftigte. Die »Gleichzeitigkeitskunst« hat seither enorme Fortschritte gemacht. Dank der neuen Medien und nicht zuletzt der digitalen »Cyber Art« sind visuelle Simulationen möglich, die quasi endlose, zeitlose Prozesse suggerieren.

Die Sprache ist als solche an Sukzessivität gebunden. Den Eindruck von Geschwindigkeit kann sie durch Bilder und Vergleiche oder durch syntaktische Verfahren (Staccato-Technik, Telegrammstil u.ä.)

simulieren. Mit Blick auf das Thema der Fortbewegung hier die Impression einer Eisenbahnfahrt von Victor Hugo, der am 22. August 1837 an seine Frau schrieb: »Die Blumen am Feldrain sind keine Blumen mehr, sondern Farbflecken oder vielmehr rote oder weiße Streifen; es gibt keinen Punkt mehr, alles wird Streifen; die Getreidefelder werden zu langen gelben Strähnen; die Kleefelder erscheinen wie lange grüne Zöpfe; die Städte, die Kirchtürme und die Bäume führen einen Tanz auf und vermischen sich auf eine verrückte Weise mit dem Horizont ...« Hugo beschreibt seine Wahrnehmung einer durch die schnelle Fahrt veränderten Landschaft, mithin ein bewegtes Bild. Nicht die Geschwindigkeit als solche ist das Thema, sondern die neue Wahrnehmung, die sie erzeugt. In Ray Bradburys *Fahrenheit 451* ist die Geschwindigkeit (für die Helden) schon so zur Routine geworden, daß die verzerrte Wahrnehmung über die Dinge selbst dominiert: »Manchmal glaube ich, die Automobilisten wissen überhaupt nicht, was das ist, Gras, oder Blumen, weil sie nie langsam daran vorbeikommen. Wenn man einem Autofahrer etwas Grünverwischtes zeigte, würde er sagen: ›Ja, das ist Gras.‹ Etwas Rötlichverwischtes? ›Das ist ein Rosengarten.‹ Weißverwischtes bedeutet Häuser. Braunverwischtes Kühe.«
Je höher die Reisegeschwindigkeit, desto mehr entzieht sich das Außen unseren Sinnen. Eingekapselt im Auto, im ICE, im Flugzeug, nehmen wir es bestenfalls als Bilderflucht wahr. Farben, Formen, Strukturen ziehen wie ein Film an uns vorbei: die »Mechanisierung der Wahrnehmung« und die »Implosion der

Realität« (Peter Weibel) fallen in eins. Oder anders: »... das kinematische Vorbeiziehen der Bilder läßt das Statische und die Festigkeit der Materialien hinter sich« (Paul Virilio). Was schon Goethe, aufgrund seiner damaligen Beschleunigungserfahrungen, gegenüber Ludwig I. ahnungsvoll beklagte: »Einer eingepackten Ware gleich schießt der Mensch durch die schönsten Landschaften. Länder lernt er keine mehr kennen. Der Duft der Pflaume ist weg.«
Ja, wo bleiben im Geschwindigkeitsrausch die taktilen, die olfaktorischen Erlebnisse? Tast-, Geruch- und Gehörsinn haben kaum noch etwas zu suchen, und wenn, beziehen sie sich auf das Transportmittel selbst, das uns mit seiner Präsenz gründlich vom Außen trennt. Sinnlichkeitsverlust zugunsten eines Gefühls der Unwirklichkeit. Dieses überkommt mich vehement auf Langstreckenflügen. Raum- und Zeitgefüge geraten ins Trudeln, zwischen Schläfrigkeit (verursacht durch einen gleichbleibend hohen Motorgeräuschpegel) und halben Blicken auf die Bildschirme, wo mal die Flugroute erscheint, mal Spielfilme flimmern, erlebe ich mich als apathische »eingepackte Ware« in einem *no man's land*. Schlaf ist die angenehmste Art und Weise, vor diesem traumähnlichen Zustand in einen echten Traum zu entfliehen. Wobei die Ankunft am Zielort noch kein wirkliches Erwachen garantiert. Nicht nur der Jetlag, vielmehr der in frappant kurzer Zeit vollzogene radikale »Szenenwechsel« will verarbeitet sein. Mein innerer Haushalt braucht lange dafür. Während Tagen bewege ich mich wie eine Schlafwandlerin, als wäre (nach india-

nischem Diktum) die Seele zurückgeblieben. Es gibt kein Jetzt-Gefühl, ja vielleicht überhaupt kein Gefühl. Ich hänge in den Ringen eines Provisoriums und werde den Gedanken nicht los, daß dieser Reise etwas Virtuelles anhaftet. Was später durch die Erinnerung bestätigt wird: die Reise gleicht einem Film, darin ich zufällige Akteurin bin.

Ein Gegenbeispiel. Während meines Slawistik-Studiums hatte ich die Gelegenheit, ein Austauschjahr in Leningrad zu verbringen, und ich legte die Strecke Zürich-Wien-Prag-Warschau-Brest-Moskau-Leningrad mit der Bahn zurück. Eine lange Reise, mit mehrmaligem Umsteigen. Langsam genug, um den Wechsel der Landschaften zu beobachten und mit jedem neuen Grenzübertritt ein Gefühl der Entfernung zu entwickeln. Als Zäsur erlebte ich den polnisch-russischen Grenzort Brest: hier wurde der Zug auf die sowjetische Schienenbreite umgestellt. Unvergeßlich das Hämmern der Mechaniker, beim Patrouillieren der Grenzsoldaten mit ihren Schäferhunden. Die Szenerie prägte sich mir für immer ein, weil die Sinne alert (ja, alarmiert) waren. Es roch nach Braunkohle und irgendwie säuerlich nach Metall, manchmal ertönten Pfiffe und schrille Rufe, dazwischen heiseres Hundegebell. Ein bißchen unheimlich war das Ganze, aber das entsprach der Wirklichkeit: ich fuhr in ein Land, das seine Bürger so sorgfältig überwachte, daß jede einzelne Schreibmaschine registriert war. Trotzdem florierte der Samisdat ...

In Leningrad dann erfuhr ich, daß der Weite der russischen Landstriche ein weites Zeitverständnis ihrer

Bewohner entsprach. Traf man sich im Freundeskreis »in der Küche«, dauerten die Gespräche bis tief in die Nacht. Nie herrschte Eile oder Nervosität. Mit »asiatischer« Gelassenheit machte man sich an die Bewältigung von allem und jedem. Heute ticken die Uhren auch in Rußland schneller. Wer es zu Erfolg bringen will, hastet einem riesigen Pensum hinterher, mit Zweit- und Drittjobs, mit permanenter Hektik. Nur die orthodoxen Liturgien mit ihrer »porösen Monotonie« lassen sich nicht aus der Ruhe bringen, sowie die Betenden, die Bettler und die Säufer.

Welches also wären die Vorzüge langsamen Reisens? Die Sinnlichkeit des Erlebens, das räumlich-gegenständliche Anschauen, die wache Wahrnehmung, das Jetzt-Gefühl. Wolfgang Büscher hat sich nicht mit dem Zug, sondern zu Fuß von Berlin nach Moskau aufgemacht und über seinen dreimonatigen Marsch zwischen August und Oktober 2001 einen berührenden Bericht geschrieben. Darin bestätigt sich, was Goethe (1828 in einem Gespräch mit Eckermann) gegenüber der Natur empfahl: »Man muß mit der Natur langsam und läßlich verfahren, wenn man ihr etwas abgewinnen will.« Büschers Fußtempo wird der Natur, dem Gesehenen, der eigenen Neugier gerecht, und nicht zuletzt der Intention, den Weg Napoleons und der Heeresgruppe Mitte »abzuschreiten«. Mit einem Minimum an Gepäck – Rasierzeug, Notizhefte, Karten, Schlafsack – ist der gehende Reporter unterwegs, an den Füßen: die Stiefel. Und was er erlebt, trägt den Stempel der Unmittelbarkeit:

»Unter einem ausgebleichten Sommerhimmel ging ich zur Grenze. Die Allee der Gehenkten war nun baumlos und hieß Straße der Freundschaft. Sie hielt unmittelbar auf die Oder zu. Die schattenlose Glut und die schnurgerade Allee waren ein Vorgeschmack auf die Endlosigkeit des Ostens, die mich erwartete. Seit einer halben Stunde ging ich am selben Kornfeld entlang, davor war ich zwischen Sonnenblumenfeldern gelaufen. Junge Männer schossen in frisierten Autos an mir vorbei, als seien sie auf der Flucht. Auf dem Kietzer Friedhof lag ich unter Linden und Kastanien und sah einer Schnecke beim Aufstieg auf den Grabstein von Emil und Minna Munk zu, die Frau hatte ihren Mann um zweiundzwanzig Jahre überlebt. – Niemand interessierte sich für mich, als ich die Oder überquerte. Sie trieb schnell und führte Hochwasser und frisches Astwerk, das sie auf ihrem Weg von Schlesien mitgerissen hatte. Gurgelnd, strudelnd drängte sie sich zwischen der verlassenen, von staubigen Spinnfäden versiegelten Kaserne am deutschen und der unter der Mittagsglut dösenden Grenzanlage am östlichen Ufer hindurch. Ein paar Minuten lang hackten meine Schritte über die Brücke, dann war ich in Polen. Eine wuchtige Festung aus rotem Backstein tauchte auf, ganz oben auf der höchsten Stelle der Mauer saß ein junger Kerl und starrte über den Strom.«

Büscher berichtet detailgenau über die Erkenntnisse, die dieser Marsch voller Unvorhersehbarkeiten und Risiken ihm gebracht hat – Erkenntnisse nicht nur über den durchwanderten Osten, sondern auch über sich selbst im Medium des Gehens. Und so ist sein Buch mehr als der bloße Erfahrungsbericht eines versierten Reporters: nämlich eine Schule der Wahrnehmung und eine im wahrsten Sinne des Wortes schrittweise Einführung in Gegenwart, Geschichte und Landeskunde weiter Teile Polens, der Belarus und Westrußlands.

Neulich sagte eine Freundin, die zu Fuß von den Pyrenäen nach Santiago de Compostela gepilgert war, mitten durch die Sommerhitze, auf einem der alten Jakobswege: Ich habe mir Spanien ergangen. Natürlich taten die Füße weh, aber ich habe so viel erlebt, so wunderbare Menschen getroffen. Jeder neue Tag war ein Anfang, und irgendwann war ich am Ende des Kontinents, vor der glitzernden Fläche des Meers. Wie gereinigt.

Solches Gehen, das »lenteur« (Langsamkeit) mit »langueur« (Sehnsucht) verbindet, fragt nicht nach Datum und Uhrzeit, es dauert von morgens bis abends, von Sonnenaufgang bis Sonnenuntergang, und macht den Weg zum Ziel. Nomadisch, kathartisch, unbeschwert von Besitz. Wie es in Peter Handkes Roman *Der Bildverlust oder Durch die Sierra de Gredos* über die herumziehende Frauenfigur heißt: »Ja, ebenso wie für sich, war sie weiter für andere auf dem Weg, und fühlte sich im Schrittrhythmus ständig mit anderen. Fernbleiben vom Eigentum, so fern wie möglich. Lang genug sind wir Eigentümer gewesen. Und wenig, was einen derart am Betrachten und Anschauen – am großen Blick – hinderte, wie, mit der Zeit, das Eigentümertum. Und indem wir unfähig zur Betrachtung

wurden, hörten wir auf, in Betracht zu kommen – in Frage zu kommen.«
Leicht das Gepäck, aber kräftig der Schritt, der den Boden unter die Füße nimmt. Das Betrachten hat mit Tuchfühlung zu tun, nur so wird es zur Evidenz. Und daß die Reise mit realen Strapazen, Ängsten, Entbehrungen verbunden ist, macht sie erst zu einer Erkundung des Draußen und des Drinnen.
Ich habe Reisen zu Fuß immer als meditativ empfunden, wie es meine Erzählung »Gehen« suggeriert: »Die Schritte sind nicht schnell. Der Blick schweift und ruht. Die mannshohen Ruten des Ginsters – die Hand faßt sie an. Glatt. Das Licht undefinierbar. Also die Augen schließen für einen kurzen schwarzen Moment. Der Schritt zögert, als regten sich die Steine unter den Sohlen. Zählt nur noch der Fuß, der sich in der eingeschlagenen Richtung weitertastet ...«
Reise und Ruhe – hier kommen sie paradox zusammen. (Anders, als wenn ich als »eingepackte Ware« somnambul nach New York jette.) Ich leiste mir die Langsamkeit. Ich bin keine Geschäftsreisende. Ich will auch nicht zur Kur, um Ruhe verordnet zu bekommen. Ich verordne sie mir selbst. Gehend, lesend, liegend. Indem ich mir im Alltag Nischen schaffe, um mein eigenes Tempo, meine »Eigenzeit« zu leben. You're being very slow, sagt einer. That's right, sag ich, ohne Scham. Und: One thing at the time.
Im übrigen: Wie sollten sich Geschwindigkeit und Langsamkeit nicht ergänzen, so wie Bewegung und Ruhe. Nur gegen das *ultra* ist etwas einzuwenden. Davor warnte schon der Erfinder des velozifierischen Faust,

Goethe, und warnte 1922, mitten in der Beschleunigungshysterie der Nachkriegszeit, Rainer Maria Rilke im XXII. seiner *Sonette an Orpheus*:

Wir sind die Treibenden.
Aber der Schritt der Zeit,
nehmt ihn als Kleinigkeit
im immer Bleibenden.

Alles das Eilende
wird schon vorüber sein;
denn das Verweilende
erst weiht uns ein.

Knaben, o werft den Mut
nicht in die Schnelligkeit,
nicht in den Flugversuch.

Alles ist ausgeruht:
Dunkel und Helligkeit,
Blume und Buch.

Benutzte und weiterführende Literatur

Aurel, Mark: *Selbstbetrachtungen*. Übs., mit Einleitung u. Anmerkungen v. Albert Wittstock. Stuttgart: Reclam 1959

Borscheid, Peter: *Das Tempo-Virus. Eine Kulturgeschichte der Beschleunigung*. Frankfurt: Campus 2004

Bradbury, Ray: *Fahrenheit 451*. Roman. Aus dem Amerikanischen von Fritz Güttinger. Zürich: Diogenes 1981

Brodsky, Joseph: *Römische Elegien und andere Gedichte*. Aus dem Russischen von Felix Philipp Ingold. München-Wien: Hanser 1985

Büscher, Wolfgang: *Berlin-Moskau. Eine Reise zu Fuß*. Reinbek: Rowohlt 2003

Calvino, Italo: *Sechs Vorschläge für das nächste Jahrtausend*. Harvard-Vorlesungen. Aus dem Italienischen von Burkhard Kroeber. München: Hanser 1991

Canetti, Elias: *Aufzeichnungen 1942-1948*. München: Hanser 1965

Christensen, Inger: *Alfabet / Alphabet*. Aus dem Dänischen von Hans Grössel. Münster: Kleinheinrich 1990

Ćosić, Bora: *Die Zollerklärung*. Aus dem Serbischen von Katharina Wolf-Grießhaber. Frankfurt: Suhrkamp 2001

Eckermann, Johann Peter: *Gespräche mit Goethe in den letzten Jahren. 1823-1832*. 2. Teil. Leipzig: Brockhaus 1836

Egger, Oswald: *Prosa. Proserpina*. Prosa. Frankfurt: Suhrkamp 2004

Ehn, Billy / Löfgren, Orvar: *Nichtstun. Eine Kulturanalyse des Ereignislosen und Flüchtigen.* Hamburg: Hamburger Edition 2012

Flusser, Vilém: *Die Schrift. Hat Schreiben Zukunft?* Göttingen: Edition Immatrix 1987

Földényi, László: *Lob der Langsamkeit.* In: Marburger Forum, Jg. 2, H. 5 (2001)

Gadamer, Hans-Georg: *Die Aktualität des Schönen. Kunst als Spiel, Symbol und Fest.* Stuttgart: Reclam 1977

Genazino, Wilhelm: »Omnipotenz und Einfalt. Über das Scheitern.« In: W. G.: *Der gedehnte Blick.* München: Hanser 2004

Goethe, Johann Wolfgang von: *Weimarer Ausgabe.* Vierte Abt., 39. Band, Weimar 1907.

Grozdanovich, Denis: *Kleine Abhandlung über die Gelassenheit.* Aus dem Französischen von Tobias Scheffel. München: Liebeskind 2004

Han, Byung-Chul: *Duft der Zeit. Ein philosophischer Essay zur Kunst des Verweilens.* Bielefeld: Transcript 2009

Handke, Peter: *Über die Dörfer.* Ein dramatisches Gedicht. Frankfurt: Suhrkamp 1981

Handke, Peter: *Versuch über die Müdigkeit.* Frankfurt: Suhrkamp 1989

Handke, Peter: *Versuch über den geglückten Tag.* Frankfurt: Suhrkamp 1991

Handke, Peter: *Mein Jahr in der Niemandsbucht.* Frankfurt: Suhrkamp 1994

Handke, Peter: *Der Bildverlust oder Durch die Sierra de Gredos*. Frankfurt: Suhrkamp 2002

Hanimann, Joseph: *Vom Schweren. Ein geheimes Thema der Moderne*. München: Hanser 1999

Houellebecq, Michel: *Die Welt als Supermarkt. Interventionen*. Deutsch von Hella Faust. Reinbek: Rowohlt Taschenbuch 2001

Hugo, Victor: *Correspondance familiale et écrits intimes. Bd. 2, 1828-1839*. Paris: Robert Laffont 1991

Keller, Ursula (Hrsg.): *Zeitsprünge*. Berlin: Vorwerk 8 1999

Köhler, Andrea: *Lange Weile. Über das Warten*. Frankfurt und Leipzig: Insel 2007

Konrád, György: *Du kannst flanieren*. In: Neue Zürcher Zeitung, 28./29. August 2004, Nr. 200, S. 61

Kümmel, Peter: *Springteufel der Lüste. Sind die deutschen Bühnen in den Händen der Pornografen?* In: Die Zeit, 6. Februar 2003, Nr. 7, S. 36

Kundera, Milan: *Die Langsamkeit*. Roman. Aus dem Französischen von Susanna Roth. Frankfurt: Fischer Taschenbuch 1998

Lafargue, Paul: *Das Recht auf Faulheit*. Grafenau: Trotzdem Verlagsgenossenschaft 2004

Leopardi, Giacomo: *Gesänge, Dialoge und andere Lehrstücke*. Zürich-München: Artemis und Winkler 1998

Lütkehaus, Ludger: *Auf der Suche nach der vergeudeten Zeit. Gesellschaft in der Warteschleife*. In: Neue Zürcher Zeitung, 2. Juli 2004, Nr. 151, S. 44

Malević, Kazimir (Malewitsch, Kasimir): *Gott ist nicht gestürzt! Schriften zu Kunst, Kirche, Fabrik*. Herausgegeben und kommentiert von Aage A. Hansen-Löve. München: Hanser 2004

Manguel, Alberto: *Eine Geschichte des Lesens*. Reinbek: Rowohlt Taschenbuch 2000

Marquard, Odo: »Zukunft braucht Herkunft. Philosophische Betrachtungen über Modernität und Menschlichkeit.« In: O. M.: *Philosophie des Stattdessen*. Studien. Stuttgart: Reclam 2000

Mörike, Eduard: *Sämtliche Gedichte*. Herausgegeben von Herbert G. Göpfert. München: Piper 1987

Musil, Robert: »Geschwindigkeit ist eine Hexerei.« In: R. M.: *Gesammelte Werke 7. Kleine Prosa, Aphorismen, Autobiographisches*. Reinbek: Rowohlt Taschenbuch 1981

Muth, Ludwig: *Die Lust am Lesen*. In: Neue Zürcher Zeitung, 28./29. Februar 2004, S. 65

Nadolny, Sten: *Die Entdeckung der Langsamkeit*. Roman. München: Piper 1987

Nietzsche, Friedrich: *Menschliches, Allzumenschliches*. In: Werke in drei Bänden, Bd. 1. München: Hanser 1954

Osten, Manfred: *»Alles veloziferisch« oder Goethes Entdeckung der Langsamkeit. Zur Modernität eines Klassikers im 21. Jahrhundert*. Frankfurt: Insel 2003

Pacquot, Thierry: *Die Kunst des Mittagsschlafs*. Aus dem Französischen von Sabine Dzuck und Melanie Heusel. Göttingen: Steidl 2011

Pastior, Oskar: *Jalousien aufgemacht. Ein Lesebuch*. Herausgegeben von Klaus Ramm. München: Hanser 1987

Proust, Marcel: *Auf der Suche nach der verlorenen Zeit. Bd. 1. In Swanns Welt*. Übersetzt von Eva Rechel-Mertens. Frankfurt: Suhrkamp 1953

Rakusa, Ilma: »Die Rundfahrt.« In: I.R.: *Miramar*. Erzählungen. Frankfurt: Suhrkamp 1986

Rakusa, Ilma: »Gehen.« In: I.R.: *Steppe*. Erzählungen. Frankfurt: Suhrkamp 1990

Rilke, Rainer Maria: *Gesammelte Gedichte*. Frankfurt: Insel 1962

Röggla, Kathrin: *wir schlafen nicht*. Roman. Frankfurt: S. Fischer 2004

Rosa, Hartmut: *Beschleunigung. Die Veränderung der Zeitstrukturen in der Moderne*. Frankfurt: Suhrkamp 2005

Rosa, Hartmut (Hrsg.): *fast forward. Essays zu Zeit und Beschleunigung*. Hamburg: Edition Körber-Stiftung 2004

Schmid, Wilhelm: *Schönes Leben? Einführung in die Lebenskunst*. Frankfurt: Suhrkamp 2000

Schnabel, Ulrich: *Muße. Vom Glück des Nichtstuns*. München: Karl Blessing 2010

Sennett, Richard: *Der flexible Mensch. Die Kultur des neuen Kapitalismus*. Deutsch von Martin Richter. Berlin: Berlin 1998

Stifter, Adalbert: *Mein Leben. Ein autobiographisches Fragment*. Weitra: Bibliothek der Provinz 1996

Streeruwitz, Marlene: *Majakowskiring*. Erzählung. Frankfurt: S. Fischer 2000

Unamuno, Miguel de: *Plädoyer des Müßiggangs*. Ausgewählt und aus dem Spanischen übersetzt von Eva Pfeiffer. Graz-Wien: Droschl 1996

Ungaretti, Giuseppe: *Gedichte*. Italienisch u. deutsch. Übertragung und Nachwort v. Ingeborg Bachmann. Frankfurt: Suhrkamp 1961.

Virilio, Paul: *Fluchtgeschwindigkeit*. Essay. Aus dem Französischen von Bernd Wilczek. München: Hanser 1996

Waterhouse, Peter: *passim*. Gedichte. Reinbek: Rowohlt 1986

Waterhouse, Peter: *Kieselsteinplan. Für die unsichtbare Universität*. Berlin: Edition Galrev 1990

Weibel, Peter: *Die Beschleunigung der Bilder. In der Chronokratie*. 2. Aufl. Bern: Benteli 2003

Weinrich, Harald: *Knappe Zeit. Kunst und Ökonomie des befristeten Lebens*. München: C.H.Beck 2004

Inhalt

Einleitung 5

LEKTÜRE	9	(LIEBE)
ARBEIT	21	(ANMUT)
NATUR	29	(NICHTSTUN)
GESCHWINDIGKEIT	37	(GRENZE)
SCHRIFT	43	(SCHLAF)
AUSZEIT	51	(ALTER)
MUSSE	57	(MÄRCHEN)
ERLEBNIS	65	(ENTSCHLEUNIGUNG)
REISE	73	(RUHE)

Literatur 85

Essay

Weitere Informationen zu allen Bänden finden Sie unter www.droschl.com

Essay 11
Elmar Schenkel
Sportliche Faulheit

Essay 12
Christoph Bode
Den Text? Die Haut retten!

Essay 13
Reinhard P. Gruber /
Ludwig Harig
Das Negerhafte in der Literatur

Essay 14
Dieter Wellershoff
Im Lande des Alligators

Essay 15
Werner Schwab
*Der Dreck und das Gute
Das Gute und der Dreck*

Essay 16
Hans-Jürgen Heinrichs
Die geheimen Wunder des Reisens

Essay 17
Walter Seitter
*Hans von Marées.
Ein anderer Philosoph*

Essay 18
Brigitte Kronauer
Literatur und schöns Blümelein

Essay 19
Rada Iveković
Jugoslawischer Salat

Essay 20
Paul Wühr
Wenn man mich so reden hört

Essay 21
Desző Tandori
Startlampe ohne Bahn

Essay 22
Felix Philipp Ingold
Autorschaft und Management

Essay 23
Sabine Scholl
Wie komme ich dazu?

Essay 24
Irena Vrkljan
*Vor roter Wand.
1991-1993*

Essay 25
Henri Michaux
Ideogramme in China

Essay 26
Dragana Tomašević
Briefe nach Sarajevo

Essay 27
Robert Kelly/Jacques
Roubaud/Schuldt
Abziehbilder, heimgeholt

Essay 28
Elfriede Czurda
Buchstäblich: Unmenschen

Essay 29
Helga Glantschnig
Entrée: Die Frau

Essay 30
Felix Philipp Ingold /
Bruno Steiger
Unter sich. Briefe

Essay 31
Miguel de Unamuno
Plädoyer des Müßiggangs

Essay 32
Birgit Kempker
Liebe Kunst

Essay 33
Thomas Hettche
Das Sehen gehört zu den glänzenden und farbigen Dingen

Essay 34
Michael Rumpf
Gefühlgänge

Essay 35
Thomas Stölzel
Ein Säulenheiliger ohne Säule. E. M. Cioran

Essay 36
Henri Michaux
Von Sprachen und Schriften

Essay 37
Franz Josef Czernin
*Dichtung als Erkenntnis
Poesie und Poetik Wührs*

Essay 38
Hans-Jürgen Heinrichs
Der Wunsch nach einer souveränen Existenz. Georges Bataille

Essay 39
Ingram Hartinger
Über den Versuch

Essay 40
Jean Baudrillard
Architektur: Wahrheit oder Radikalität?

Essay 41
Jesper Svenbro
Ameisenwege. Figuren der Schrift und des Lesens in der Antike

Essay 42
Miguel de Unamuno
Wie man einen Roman macht

Essay 43
Bettina Balàka
Messer

Essay 44
Rada Iveković
Autopsie des Balkans

Essay 45
Franzobel
Mundial. Gebete an den Fußballgott

Essay 46
Dorothea Dieckmann
Sprachversagen

Essay 47
Paul Wühr
Was ich noch vergessen habe

Essay 48
Peter Rosei
Album von der traurigen und glücksstrahlenden Reise

Essay 49
Franz Josef Czernin
Voraussetzungen. Vier Dialoge

Essay 50
Gerhard Rühm
Was verschweigt die schwarze Witwe?

Essay 51
Boris Groys
Die Muse im Pelz

Essay 52
Julian Schutting
Tanzende

Essay 53
Wolfgang Matz
Gewalt des Gewordenen. Zu Adalbert Stifter

Essay 54
Ilma Rakusa
Langsamer!

Essay 55
Sebastian Kiefer
Was kann Literatur?

Essay 56
Franz Kaltenbeck
Reinhard Priessnitz. Der stille Rebell

Essay 57
Kathrin Röggla
disaster awareness fair

Essay 58
William Hazlitt
Vom Vergnügen zu hassen

Essay 59
Barbara Frischmuth
Vom Fremdeln und vom Eigentümeln

Essay 60
Bodo Hell
Nothelfer

Essay 61
Paul Wühr
Zur Dame Gott

Essay 62
Philippe Le Guillou
Das Mittagessen am Ufer der Loire

Essay 63
Anna Kim
Invasionen des Privaten

Essay 64
Sebastian Kiefer
Was ist eigentlich »ästhetische Moderne«?

Essay 65
Helmut Mayer
Kontra! Zu Henri Michaux

© Literaturverlag Droschl Graz – Wien
7., Auflage 2017

Layout und Satz: AD
Herstellung: Druckerei Theiss

ISBN 978-3-85420-692-7

Literaturverlag Droschl A-8043 Graz Stenggstraße 33
www.droschl.com